マルクス・ガブリエル
危機の時代を語る

丸山俊一 Maruyama Shunichi
＋NHK「欲望の時代の哲学」制作班

NHK出版新書
635

はじめに（丸山俊一）

危機の時代――。

その言葉が思いがけない形で迫ってきた二〇二〇年。私たちは何を頼りに考えたらよいのだろうか？　あっという間に広がったパンデミックは、人々の生命、健康への脅威となるのみならず、私たちの生活を大きく規制し、社会のありようを揺さぶった。そしてそれは、この世界を形作ってきた経済、文化、その背後にある価値観まで問う事態となった。

実際、日常の風景が一変し、その後ひとまずの落ち着きを取り戻してからも状況は一進一退、予断は許さない。「コロナとの共生」という感覚は社会に浸透し、ニューノーマル、まさに新たな日常のリアリティ、考え方を生み出さなくてはならないという意識が多くの人々の間に共有されつつある。もはやコロナ以前には戻れない、というわけだ。

だがそこで少し立ち止まってみる必要がある。確かにウイルスは脅威であり、社会的な距離をとり、注意深く活動せねばならない「新たな日常」への対応は必須だが、こうした「危機」を人類は長い歴史の中で何度となく経験してきたのではなかったか？　そして、そこで生まれている不透明な状況、向き合わねばならない課題は、実は以前から少なからず潜在、あるいは顕在していたものではなかったか？　コロナは、問題の本質を炙《あぶ》り出したと言う方が正確なのかもしれない。

本書は、「欲望の時代の哲学2020～マルクス・ガブリエルNY思索ドキュメント」（Eテレ）における対談部分と、「シリーズ コロナ危機 グローバル経済 複雑性への挑戦」（BS1）における、パンデミック後ドイツ・ボンでの緊急インタビューとをまとめたものだ。「新実在論」で彗星の如く現れた哲学者マルクス・ガブリエルによる五つの対話の記録と、新たな事態の中、彼が示した今必要とされる思考のエッセンスを味わってみて欲しい。

対話のテーマは、アメリカにおける自由の概念の錯綜、闘争の論理が激しさを増している資本主義、人間の認識の根拠を問いかけるAIの存在、テクノロジー全盛の時代の倫理、そしてグローバル化の中でのアジア、日本のありよう、哲学に普遍性は期待できるかなど、多岐にわたっている。二〇一九年一一月、厳冬のニューヨークで繰り広げられた、豊かな言葉のキャッチボールの記録である。

登場するのは、『ファンタジーランド――狂気と幻想のアメリカ５００年史』によって自ら自国文化の奇形性を描き出した作家、カート・アンダーセン、経営コンサルタントとして資本主義の最前線に立ちながら、『センスメイキング』などの著書で、人文学の逆襲を説くクリスチャン・マスビアウ、心の哲学の領域で議論をリードするオーストラリアの哲学者、デイヴィッド・チャーマーズ、『世界の測量 ガウスとフンボルトの物語』など世界的なベストセラーで知られる、ドイツ出身、現在はウィーン在住の作家、ダニエル・ケールマン、そして、ニューヨーク大学にあって比較文学を研究し、東大、北京大にも客員として籍を置く文学者、張旭東の五人だ。

自由、資本主義、ＡＩ、テクノロジー、倫理、多様性、アメリカ、そして日本……。

さまざまな知のフィールドを移動しつつ繰り広げられる対話を、ぜひご自身の思考で吟味していただきたい。

危機の時代、そこで思考停止することなく考えるべき、本質は？

マルクス・ガブリエル　危機の時代を語る　目次

校閲　福田光一
ＤＴＰ　角谷　剛

Ⅰ章　コロナ危機と新自由主義の終焉

――マルクス・ガブリエル　緊急インタビュー

コロナショックで浮かび上がった危機

——早速ですが、今回のパンデミックは、世界にどのような影響を与えると考えていますか？　世界の経済はどう変わり、国際秩序にどう影響すると思いますか？

ガブリエル　新型コロナウイルス、ＣＯＶＩＤ-19は現代の世界秩序の発展の形を根本から変えることでしょう。これまで「近代」の枠組みの中で経験してきたどの出来事とも異なるのですから。

いま目の当たりにしているのは、「新自由主義」の終焉です。新自由主義は、連帯や国家、組織の構造を純粋な市場戦略によるシステムに置き換えることができるとする経済概念でした。そのシステムはまさにコロナウイルスに直面して、ひどく機能不全になるのです。というのも生物学的な構造は、経済的な構造とは完全に異なるモデルに依存するからです。

——その経済的な構造に関わる動きでは、テレワーク、オンライン学習などへの変化が加速すると言われていますが、そうした動きについてはいかがでしょう？

ガブリエル　デジタルの変革を加速させるべきだという考え方には、心底異議を唱えたいと思います。たとえば学習システム、従来の大学での学びのスタイルをオンラインに切り替えるなど、人間のコミュニケーションを遠隔通信に取り替えるべきだという考え方です。人類にとって悲惨なことになるでしょうし、機能しないでしょう。というのも技術的なインフラがこの新たな必要性に対応できていません。どうやって私たちは医学、自然科学、哲学といった学問をオンラインで行うことができるのか？　新自由主義の空想による「不可能な回帰」に過ぎません。現実にはならないでしょう。単なる幻想です。

「異議を唱えるような集まりが阻まれている」

――資本主義の運動を抑制せず、フルスピードで行く所まで行くべきだという「加速主義」の考え方もありますが、そこで我々が目撃するのはどんな世界でしょう？

ガブリエル　現在グローバル資本主義はすべてのプロセスの速度を緩めることで、むしろ加速にあらがっています。さらなる攻撃に対し準備をするためです。その意味で、グローバル資本主義が新自由主義的秩序の後にただ幕を閉じると考えるのは幻想でしょう。世界中で現在起きているのは、国民国家への容赦ない回帰です。ヨーロッパは外部の、そして内部

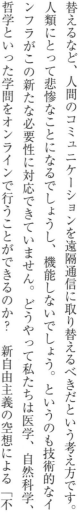

の国境を閉じています。そして突然、多くの人々が生物学的な現象に対応する唯一の方法は古い国境を復活させることだと思い始めています。グローバル資本主義は加速によって破滅に向かいかねないものです。完全な破滅に、です。だから、私たちは減速しているのです。これ自体は経済的な概念の一部ですが、この減速の間に、新しい哲学の形を生み出すことが重要です。いま、資本主義のシステムは再生に向けて準備をしているところなのですから。

――加速にブレーキをかける慣習や地域性は、世界各国にあるように思います。そうした文化の「壁」を再評価する意見もありますが、これについてはどう見ますか?

ガブリエル　現在、私たちには新しい方法で自己を理解し始めるチャンスがあります。ローカルの現象、ローカルな形の協力が新しい役割を担い始めることになります。真の民主主義の復活のチャンスもあります。真の民主主義はネットやソーシャルメディアの活動の中では起こりません。地上で起きるものです。これが、資本主義システムが社会的距離(ソーシャル・ディスタンス)の新しい形を生み出し続けようとしている理由の一つなのです。私たちが自身のコミュニティーの中にとどまるよう強制されるのと同時に、人々が集まって、異議を唱えるような集まりが阻まれているのです。社会的隔離の方針は健康の視点からだけでは完全には正当化されません。それならたとえば、なぜ私たちは近所に住む人々と会ってはならないのか。明らかにこの裏には何かが隠されています。私が申し上げたいのは、真の民主主義に向けたチャンスがあるということです。真の民主主義が生まれるのはいつもローカルのレベルで、それが世界へと広がっていくのです。

——貨幣や株価が、世界を「水平」に結ぶよりも「垂直」に並べてしまい、人々を近づけるように見えてじつは遠ざけたように感じます。全ての人々に等しく影響を与えるかのような感染症も、分断を生むのでしょうか?

ガブリエル　ウイルスの論理は、私が生物学的普遍主義と呼ぶ概念の真実を浮かび上がらせます。生物学的普遍主義とは、ウイルスにとってすべての人や動物は平等であることを意味します。ウイルスは生物学的に私たちがみな同じ種の一部であることを示しています。しかし同時に、国民国家やそのほかの地域の文化によるウイルス感染拡大の現象に対する反応は、きわめて人種差別的であり、固定観念に満ちています。

いくつかの例を挙げてみましょう。たとえば、ドナルド・トランプが「中国のウイルス」と呼んだことです。ウイルスは中国のものではありません。中国のどこかで発生したのかもしれません。しかしだからといって「中国のウイルス」とはなりません。これはもっとも明らかな、中国人に対する人種差別的な攻撃です。またボリス・ジョンソンも集団免疫という戦略を検討することでEUを攻撃しています〔注：その後、政策を変更〕。これはある種の優生学的な方法であり、大陸ヨーロッパの影響からイギリスを守ろうとする考え方です。

ヨーロッパでも私たちには同様の問題があります。ドイツ人は自分たちの医療制度が明らかにイタリアより優れていると考えています。というのも死亡する人の数がドイツの方が少ないからです。その他あらゆるバカげた文化的な説明、たとえばイタリア人はハグの習慣が根強くお互いに触れることが多いなどの話を聞きます。これらは完全に意味のない、生物学的現象の説明です。繰り返しますが、ウイルスは文化や国境、国民国家を尊重することはありません、というのもそれらの存在を知りもしないからです。

――パンデミックの時代を経て、社会はどう変化しますか？

ガブリエル　個人と集団の関係はこれから大きく変化していくでしょう。というのも私たちは、いまは距離をとっているからです。いまヨーロッパで見られる反応は、新たな形の結束というものです。しかしこの結束は完全に空虚なものです。誰も真に完全には理解していないような、疑わしいデータが含まれる生物学的モデルに基づいているからです。

人々がこのことに気づけば、隠れた争いに突入し始めるでしょう。いまのところ明らかに、舞台裏では地政学的な交渉が行われています。ウイルスの大発生後の経済を刷新するためです。そしてローカルのレベルにおいても同じような現象が見られます。利益団体はすでにお互いへの攻撃を準備ないしは開始しています。ですからこの新たな結束は、一瞬の幻想にすぎません。新しい形の暴力の噴出がこれから起こってくると思います。

――「社会的距離」の影響はどう考えますか?

ガブリエル　現在ドイツでは、形作れる集団の大きさは法律によって二人ないしは家族とされています。これは、かつてないほどの大きな影響を与えています。これまでのいかなる独裁政権すら三人以上の集会を禁じたことはありません。これはドイツでこれまで展開された中でもっとも思い切ったやり方です。それは深い社会的な影響をもたらすことでしょう。もし友達にすら会えないとしたら、たとえばみんなが検査を受けていたとしても、ヨーロッパで人と会うこと自体が突然違法となったら、それは明らかに思い切った社会的経済的方策であり、何らかの経済的な結果ももたらすことでしょう。

――「個人の意識」や「社会との関わり方」はどのように変化するでしょうか?

ガブリエル　個人の中でも哲学者などは、この瞬間を楽しむことができるでしょう。しかしもし失業に脅かされている場合、ウイルスや政府に対して対抗するどのような術もなく、何もできないといった状況、もしくは近所の人に対しても同じで、みなこの方法が正当であると同意しているから自分は何もできないといった状況に置かれたならば、うつ病になったり、不安になったりするでしょう。そして遅かれ早かれ、医療制度にも影響してくるでしょう。多くのうつ病や精神的に不安な人々を生み出しているということを誰も考慮に入れていません。それは完全に無責任です。

――「社会との関わり方」は？

ガブリエル　社会とは何でしょうか？　社会は、社会学的にいうと経済的取引の最大の仕組みを意味しています。ドイツの社会は、グループの大小にかかわらずドイツ人が行うすべてのことなのです。すでに私たちは社会を異なるローカルのシステムに分割しているわけですから、社会はもちろんすでに変化しています。その影響を私たちは決して忘れることはできません。ですから社会はすでに完全に変化しています。

そして私たちはいま、民主主義の価値を捨てようとしているのかもしれません。多くの人々が現在の生物学的危機を民主主義の手段で解決できるとは思っていないからです。現在の問題を解決するため私たちが展開している方法が民主的ではないという、まさにその事実が、私たちの政治家が自由と民主主義を信じていないということを意味しています。

未来は開かれている

——国家の紛争を越え、世界市民として幅広い秩序を考えることが重要であることはわかりますが、現在の政治は国家単位です。それについてはどう思いますか？

ガブリエル　どこへ向かうべきかを考えるためには、理想のモデルを語らなければなりません。国民国家を当然の存在と考えるのは、皮肉なことにとても広くいきわたった議論です。しかし忘れてはならないのは、現代の国民国家が出現したのはつい一九世紀のことであり、人類の歴史の中で国民国家は二〇万年もの間存在しなかったということです。まだ創設されてから二〇〇年もたっていません。そして国民国家は人類に大混乱を巻き起こしてきました。二つの世界大戦は、たとえば中国など、まだ統治されていなかった人的資源に対して、国民国家制度の採用を迫ったことによってまさに始まったのです。すべての、たとえば植民地化や現代の帝国主義のプロセスは国民国家が生み出したものなのです。

ですから国民国家は明らかに自明の存在ではなく、問題を解決するどころか人類にとってより多くの問題を生み出してきたことも明らかでしょう。人類の統治の他の方法もさまざまなはずです。たとえばドイツは連邦国家です。さまざまな州が完全な統治を担うというシステムです。私たちには首都ベルリンは必要ありません。自分たちで、現在この撮影を行っている地元のノルトライン＝ヴェストファーレン州を統治することができます。だからこそ、「カタルーニャやスコットランドが独立したっていいじゃないか」という声も起きます。現在の形の国民国家の国境が一種当然の形であるという考え方は、とても危険な幻想の一部です。

――奇しくもアルベール・カミュの『ペスト』が注目を浴びましたが、実存主義の旗手の小説と現代が重なるところはどこだと思いますか？　そしてそれと現代が異なる点、さらに今後について聞かせてください。

ガブリエル　古典的な実存主義、特にカミュやジャン＝ポール・サルトルが文学書や哲学書の中で説いたこの考え方は、人間の自由の存在を明らかにしました。カミュが示したのは、私たちは現実には一人であるということ、みな死ぬときは一人であるということです。これが古典的な実存主義の標準的な前提です。

しかしこの古典的実存主義には、重要な反論があります。あらゆる時代を通じて最高の政治理論家の一人である哲学者ハンナ・アーレントのものです。アーレントは自身の恩師であり元愛人であり、実存主義の担い手であるハイデッガーに異議を唱えました。死だけが重要なのではなく、出生、私たちがこの世に生まれたという事実もまた未来に向けた原動力であり、死ばかりではないと主張したのです。人生を考えたとき、死に脅かされているという事実を踏まえると、自身の反応は不安なものになる。これが実存主義の主なテーマです。すべての実存主義の書に、不吉なディストピアが出てくるわけです。

これに対して、私が大事にしたいのは、アーレントの出生の概念です。「未来はある」、その事実を考える必要があります、いまこの瞬間も大きく未来を形作るものです。私が提唱している「新実在論」でもまさにそのことを展開しています。未来は根本的に開かれているのです。未来が自動的に既に決まっているというその考え方に対して私たちは闘わなければならないのです。

――現代は世界がデジタル・ネットワークでつながっている時代です。世界恐慌、二度の世界大戦のときとは異なる乗り越え方の可能性は、そこにありますか？

ガブリエル　「近代」の解釈の根本的な間違いは、自然科学や技術の進歩が人間や道徳の進歩にも重なるという想定です。「近代」の啓発プロジェクトが私たちに示しているのは、善のビジョンを考え出すためには私たちは哲学的省察や人文社会科学の他の分野からの省察を、自然科学からの洞察と組み合わせる必要があるということです。

これにより現代の大学システムが一八世紀や一九世紀のドイツで誕生しました。「近代」への対応として、特に、フランス革命に対応して誕生したものです。啓蒙がなければ、現在の形のモダニティの基礎となる自然科学、技術の進歩も経験することすらなかったのです。

私たちが現在目の当たりにしているのは啓蒙なきモダニティです。啓蒙なきモダニティというのは必然的にサイバー独裁に向かいます。もしグローバル化とデジタル化の道をまさに私たちが一九九〇年以降目の当たりにしてきた形で進めば、必然的に全世界が北朝鮮の形になってしまいます。問題は私たちがそれを望むか否かです。私たちは自身のことを全面的にデジタルモデルで考えるのか、それはすなわち完全なる支配や監視、行動の制御の下に置かれることを意味します。もしこれが私たちの人間の概念ならば、間違いを犯していることになるでしょう。これは人間とは言えないからです。人間は自由行為者であり、私たちに与えられた最大の自由の中で自身の立場について考える能力があります。そしてこれが人文科学、社会科学そして特に哲学の研究の対象です。もしこうした事実を無視すれば、他の科学的事実を否定する人々とまさに同じ間違いを犯すことになります。

もしいまウイルスの存在を否定すれば、みなこれはひどい過ちであると言うでしょう。同様に、歴史や言語学、文献学、社会学、政治学、哲学といった専門分野を単に無視することもひどい間違いではないのか？　なぜコンピューター・サイエンスなら人間の理解の正しいモデルを私たちに与えてくれると言えるのか？　私たちは分業において根本的な過ちを犯していると思います。

「私たちは分業において根本的な過ちを犯している」

中世に戻ることができる、もしくは戻るべきか？　もちろん違います。中世は、ヨーロッパではとりわけキリスト教のプロジェクトでした。いまこの瞬間にキリスト教はどうやって私たちを助けてくれるのでしょうか？　また日本人や中国人の友人をどう助けてくれるのでしょう？　もちろんそれはバカげた提案です。しかしそこにはアナログによる革命の可能性があります。私がずっと主張してきたことですが、デジタル革命の後にはアナログによる革命が必要になります。それがいま起きていることなのです。デジタルに向かうのではなく、お互いがそばにいられる新しいモードを探しているのです。たとえば、なぜビジネスマンたちはさまざまな場所にプライベートジェットで移動するのでしょうか？　彼らは遠隔通信ができるはずですよね？　一方、哲学者が人々に会うのはなぜでしょうか？　それが哲学者のやり方だからです。たとえば哲学者として私はみなさんにお会いする権利がある、多くの人々に会うことができ、会話をすることができる。こうして哲学というのは成り立っているわけです。ビジネスマンは遠隔通信をすることができます。必要な人々に遠隔通信を与えて、他の私たちには、絶えず付きまとってきた、完全で世界的な独裁制監視国家から再び自由になれるようにするべきです。それが真の問題で、放置しておけば人類を破壊することになるでしょう。

終わらない「近代」と新しい善のイデオロギー

ガブリエル　パンデミックは民主主義と同種の道筋から派生しています。それには古代ギリシャの言葉、「デモス」が含まれています。つまり人々という意味です。私たちがいままさに持ち得てないのはパンデミックです。古代ギリシャ人が「パンデミア」と呼ぶところのものはすべての人々の集まりだったのでしょう。ですから真のパンデミックが至急必要とされています。それは「形而上学的パンデミック」とも呼ぶべきもので、私たちは私たちをつなぐ物質的宇宙の単なる一部であるという概念を超えて、すべての人々の集まりを意味しています。私たちは物質的宇宙の単なる一部であるだけではなく、私たちを人間としてつなぐ精神的宇宙の一部でもあります。それこそが真の変化が起こりうる分野なのです。

真の人間の前進は物質的レベルでは起こりません。物質的レベルでは私たちには技術の発展があり、モダニティにおける技術の発展は人類の存在にとって唯一にして最大の脅威です。原子爆弾、デジタルの時代、世界的生産チェーンを媒介としたウイルスの伝染、そうしたものは人類にとっての真の脅威となりえます。一方、精神、精神の生活、それらは人類の脅威ではありません。興味深いのは、なぜ私たちは精神の生活への回帰を避けているのか？　ということです。

私が訴えたいのは、私たちは心を持った動物であって単なる動物ではないという、その人間性に気づき始めようということです。私たちは二つの方法によってつながっています。一つには動物として、これはウイルスが示しているのですが、生物学的普遍主義つまり、私たちは同じ種の一部であるというものです。しかしもう一つには私たちはまた同じ種類の普遍的な心の一部であり、その存在について私たちはいま争っており、これが現代の破滅的な政治状況につながっています。

いま大きな議論をみなさんとしています。哲学的に理想的な善のビジョンと実行条件との関係は何なのか？　そこには、この問題に関する現代の社会の考え方においてまだ乖離があり、それはマルクス主義への批判を思い起こさせます。みなさんは言うでしょう、ほら、理想の国家はうまくいかなかったと。マルクス主義はダメだったと。私はマルクス主義者ではありませんが、それについては注意しないといけません。マルクス主義のイデオロギーは世界で最大の国、中国を動かしているイデオロギーなのです。共産主義は失敗したという考えもひどい誤りです。中国がうまくいっているというのではありません。私が指摘しておきたいのは、現在のところマルクス主義はまだ終わってはいないということです。

またもう一つ忘れてはならないのは、冷戦も決して終わってはいないということです。冷戦の最前線が変化しただけです。現在私たちはロシアや中国とまとめて関わりを持っており、それらは巨大な帝国です。ですから最大の人類の構造的地政学的な部分はまだマルクス主義の形の理論づけに従っており、それは過去二〇〇年以上にわたって変化してきました。ですから私が思うに私たちには新しい善のビジョンが必要です。カントも、そしてヘーゲルもそれぞれビジョンを打ち出しました。ドイツの法の支配はまだカントやヘーゲルを基に機能しています。その前にはプラトンやアリストテレスが基本的にはいわゆる西側のほとんどの政治を定義づけしていました。またアラブ諸国、イスラム諸国の政治においてもそうです。たとえばスペインに入って、アリストテレスは大きな役割を担いました。

私たちが必要としているのは新しい哲学で、それは次の大きな転換の基礎となるでしょう。というのも私たちが哲学の祖先、老子やプラトンや仏陀から受け継いだ善の理想的ビジョンは西洋とは特に関わりがありません。これらすべての概念は失敗します。というのも、私たちが過去何百年の間に目の当たりにしてきた技術的な転換や知識の習得を考慮に入れていないからです。だから私はいま人類が団結できるような方法、新しい理想的ビジョンを考えています。これが哲学者の役割です。どうやってそれが実行されるのか？それには協力が必要です。哲学者は大企業や政治家、市民社会と協力をする必要がありま す。哲学者はできるだけ多くの人々と話し、彼らの考え方を知り、どう実行していくのか知る必要があります。しかしこれは哲学者が妥協点を探すという意味ではありません。

そうではなく、哲学とは無条件の方法で完全なる善を考えることです。もし私たちがそうしなければ、他の誰がするのでしょうか。これは数学と同じです。数学は純粋なモデルです。もし人々が純粋数学をやらなければ、応用数学もありません。同じことが哲学にも言えます。純粋哲学は社会構造に応用できるし、そうするべきです。もし私たちがそれをしなければ、歴史の中でチャンスをものにできません。もう一度強調したいのですが、中国の人々はこれをやっています。私たちが好むと好まざるとにかかわらず彼らには強い哲学的イデオロギーがあります。ですからもし私たちが中国の一部になりたくなければ、歴史的にみれば現在その可能性はあるのですが、これが私たちが納得できるモデルでないのであれば、二一世紀のための新たなイデオロギーをつくらなければなりません。現状では私たちには何もないのです。私が善の理想的ビジョンと呼ぶところのものに誰かが取り組むことは、これまでになく、いま、完全に正当化されようとしているのです。

——あなたのような哲学者の意見に、いまの時代、これまで以上に人々が関心を持っているという風に感じますか?

ガブリエル　私は哲学が世論において新しい役割を果たし始めたことを、少なくとも二〇〇八年の金融危機以降、感じています。私が今世紀の頭に学位論文を書いていた頃には、公共の分野で哲学者には同等の役割が与えられていなかったことを記憶しています。これは明らかに金融危機以降に始まったことです。ですから一九九〇年から金融危機までの十数年間、人々は哲学者を真には必要としていませんでした。というのも人々はすべての歴史的問題に完全な解決策を持っていると考えていたからです。それは単に「新自由主義的民主主義」を世界中に広げることと、完全な消費社会を作るというものでした。これは日系アメリカ人の政治学者フランシス・フクヤマが提唱した「歴史の終わり」です。フクヤマは「民主主義」と「資本主義」の勝利を宣言し、多くの人々が追随しました。人々はしばらくの間、哲学者など必要なわけがないと考え、必要なのは多数の経済学者と、ぜいたく品の生産とビデオゲームなどだけだ、と考えていたのです。しかしそうした「思考停止」は、いったん二〇〇一年に解かれました。世界貿易センターへの攻撃があり、それは歴史の逆行のように思われ、しばらくして金融危機がありました。私たちが現在直面している危機は二〇〇八年の金融危機の少なくとも五倍の大きさのものです。これは近代のもっとも大きな経済的惨事の一つとなることでしょう。これは恐慌のようなものです。しかし私たちにはよりよい対抗策があります。人類の破壊へとつながる必要はありません。現在のイデオロギーの破壊となったとしても。

そしていま唯一の強力な代替案としてあるのは、現代の中国のイデオロギーなのです。ですから、習近平の社会に対する見識が現在世界へと広がっているように私には思えます。

ヨーロッパは人類の歴史で初めて完全に中国の先例に倣っています。私たちがとっている対応策は中国のモデルなのです。注目すべきことです。こんなことはこれまでにありませんでした。これは新しい超大国、中国の存在感の立証です。

私たちはこれまでアメリカ化を目の当たりにしてきました。そしてこれからは西洋とともに東洋の重要性を取り入れていくことでしょう。私たちには自身を理解するための新しいモデルが必要なのです。もしそれを望まなければ、「現代の毛沢東」のイデオロギーが他のイデオロギーよりも優れているという結論に至りかねません。今こそ私たちは少なくともこれがなすべき正しいことかどうか、真剣に議論するべきだと思います。

（二〇二〇年三月二四日　ドイツ　ボンにて）

II章　「すべてがショー」というファンタジーを生きる

――カート・アンダーセン×マルクス・ガブリエル

カート・アンダーセン
Kurt Andersen

ベストセラー『ファンタジーランド――狂気と幻想のアメリカ500年史』（東洋経済新報社）、『世紀の終わり――ニューヨーク狂想曲』（早川書房）、*Heyday*（絶頂期）、*True Believers*（狂信者）などの著者。『タイム』や『ニューヨーカー』でコラムや評論を担当、ニューヨーク・タイムズ紙や『バニスティ・フェア』などに寄稿し、人気ラジオ番組「スタジオ360」のホストを務める。『ニューヨーク・マガジン』の編集長も務めた。ブルックリン在住。

「ファンタジーランド」とは何か

ガブリエル　今日はありがとうございます。あなたは『ファンタジーランド――狂気と幻想のアメリカ500年史』という、素敵な本をお書きになりましたね。

アンダーセン　その本を書きながら、自分が生まれてから現在に至るまでアメリカがどのように変わっていったのか、私はずっと考えていました。たった数十年の間に、経験的な現実と事実を把握することが難しくなり、制御不能になってしまったことについて、思いを巡らせていたのです。そして気づきました。変わってしまったのではなく、もとからあった問題が過去数十年の間に、深刻な形で浮かび上がってきたに過ぎないのだと。

そう、問題はもっと過去に遡るのです。アメリカを開拓したヨーロッパの人々は、プロテスタントの中でも、もっとも極端な部類に属する信者たちでした。彼らは建国のときから、私たちを超自然的な宗教へと導いたわけです。そしてこのことが「すべてはビジネスである」というアメリカに特徴的なもう一つの考え方にも、ずっと結びついてきたのです。

実際、一九世紀に始まったのは、「すべてがショービジネス」という時代でした。結局、この国には、二つの特徴があるのです。一つはプロテスタント主義。これは、狂信的、超自然的なだけでなく、「ハイパー主観主義」です。すなわち、「私が真実だと感じたものすべてが真実だ」、「私が真実だと感じるのだから真実なのだ」、「聖書にあることは神父様に教えてもらわなくてもいい、自分で理解できる」という考え方です。私の知る限り、アメリカ以外にこんな国はありません。

しかもそれが、もう一つのアメリカの特徴である、ビジネスの精神と混ざり合ったのです。利益を得るために、どのような人であっても「ビジネス」という名のもとで自身の宗教派閥を作りだすことができる国です。こんな国もまた、他のどこにもありませんでした。これは、本当は薬ではないものを薬として販売することができるようなものです。「これは愉快だから、面白いから」とか、「これは私の天国への道だと信じているから」、という理由で非現実的で、真実ですらないものを売り捌いてよかったのですから。二〇〇年前にヨーロッパからの移住者たちが、アメリカをヨーロッパとは違う例外的なものだと感じたのは、実際このような二つの特徴によるものだったと言えるでしょう。

政治思想家アレクシ・ド・トクヴィルは一八三五年にフランスからアメリカへやってきて、こんな感想を残しています。「なんということだ、これまでこんなに狂信的な人々を見たことがない」と。宗教、それも極端な主張を掲げるプロテスタント主義が、ショービジネスと混ざり合い、その後の経済的な繁栄が、この二つの国民的特性に力を与えたのです。

アメリカの「2つの特徴」を指摘するアンダーセン氏（右）

二つの特性は常に均衡がとれていました。合理性、理性、真面目さ、それら全部ひっくるめてアメリカの特性だったのです。そう、一九六〇年代にバランスが崩れるまでは。

しかしこれが一九六〇年代になると、「自分自身の真実を探せ」、「自分が信じるものを信じよ」、というふうになってコントロール不能になってしまったのです。そして今日《こんにち》では、トランプ大統領がまさに、全く根拠のない新しいウソばかり発表している、という事態にまでなっているわけです。

ガブリエル　私もこの現象について話すときに、「ショー」という言葉をよく使います。「資本主義はショーだ」だとね。トランプはまさにそうです。

アンダーセン　ええ、アメリカの資本主義は常にショーだったと思います。そして宗教も。一八世紀、一九世紀もそうでしたが、二〇世紀にもっとも顕著になったのは、宗教のショー的な気質です。牧師が演技をしてミサをショーとして繰り広げるのです。そんなことをしている国は、世界中どこを見渡してもありません。

そして、二〇世紀になるとショービジネスはすべてを飲み込み始めたのです。しかもその傾向は、ここ五〇年間でさらに強まっているといえるでしょう。ディズニーランドはもっともわかりやすい例ですが、レストランも、ホテルも、道を歩くことでさえ、あらゆるものがショーなのです。

ガブリエル　そう、すべてがショーです。それがアメリカの注目すべき特徴なのです。

アンダーセン　サタン（悪魔）とその仲間も出てきます。

ガブリエル　そう、アメリカにはさまざまなキャラクターが勢揃いしています。それと同時に新しい考え方も広がっていくわけです。それが科学的な世界観であり、ヨーロッパ以来の「実証主義」です。ちなみにヨーロッパではこの時期に大学が設立されています。その結果、宗教についても、世界についても学問的に説明することが課せられるのですが、アメリカにはそうした歴史は無かったと言えますね。

「宇宙は神が指一つ動かして作ったことに由来する」といった話では、説明にはなりません。それは聖書を読み違えているわけですが、多くのアメリカの人々は、聖書の記述をそのように受け取ったのです。ですから時々、科学と宗教の間に相反する解釈が出てくることになります。「人間はどこから来たのか？」という問いに対して、一方は神様と答え、もう一方は進化と答える。両方が同じくらいに極端なのです。

アンダーセン アメリカにやってきたピューリタンは、「科学の男」たちでした。彼らは教養ある男性で、かつ極端な中世版キリスト教を信じていました。だから最初は、宗教的世界観と実証主義の見方とを調整しようとしました。「七日間の天地創造はどのようになされたのか?」という問いに対しての答えがそれぞれ違うということを、矛盾とはみなさなかったのです。

ガブリエル 私はアメリカ中部で創造説支持者たちの会議に参加してみたことがあります。どのようなことが起こっているのかを、この目で見て確かめたかったのです。そして、主張がめちゃくちゃだということを除けば、あとはハーバード大学での学術会議と全く同じように見えました。彼らは真剣に、地球上にサタンが存在することの証拠についての発表を行っていました。

アンダーセン そして、なぜ天地創造が五九四二年前に起こったのかをね。

ガブリエル そう、でも面白いとも思います。そのような議論は、アイザック・ニュートンが始めたことなのです。ニュートンは聖書に書いてある天地創造の日を計算することに、かなりの時間を費やしました。彼は物理学にかける時間よりも、実はこの計算のほうに多く時間をかけていました。

アンダーセン　魔術にもですよね。

ガブリエル　ええ。だから、英国プロテスタントは、ニュートン主義者なのかもしれない。ドイツの発展は、全く別物ですが。

アンダーセン　アメリカのペンシルベニアにたくさん来た、初期のキリスト教の熱狂的派閥は、ドイツからの信者だったのですよね。私のご先祖様も含め。

ガブリエル　ええ。ドイツにおけるプロテスタント主義の影響は非常に大きいです。ドイツのソフトウェアと言ってもいいかもしれない。

アンダーセン　すると、あなた方にとっては、プロテスタント主義は五〇〇年物のソフト・パワーなのですね。

ガブリエル　そう、それでひとまずうまくいっています。もしそうでなければ、私たちは二〇世紀の破局的失敗から立ち直ることもできなかったでしょう。アメリカは、このプロテスタント主義というソフト・パワーをうまく利用して、戦後のドイツ復興を成功させたのです。

しかし他の地域では、アメリカはこの戦略的ソフト・パワーの使い方を間違えたのです。

中東では、さすがにドイツに対してと同じようにはいきません。ドイツとアメリカのような歴史的関係性がないからです。だから、自由などの価値観についても、アメリカ人と共有されないのです。

アメリカン・フリーダムの行方

ガブリエル　さて、一つこちらからも質問があります。「アメリカン・フリーダム」＝「アメリカ的自由」という大きなテーマについてです。あると感じるときもあれば、無いと感じるときもあると思うのですが、あなたはこれを何だと思いますか？　本当に存在するのでしょうか？

アンダーセン　この問題については、二つの要素があります。

まず、アメリカン・フリーダムなるものが客観的に存在するのか、他の国よりも人々がなりたい自分になる、やりたいことをやれる自由がアメリカにはあるのかという問題。

そしてもう一つ、これと関係しますが、別の問題もあります。つまり、「自由に何よりも価値を置く自由人」というアメリカ人の自己定義は本当に正しいのか、という問題です。

この二つ目の問題は確実に、それがバイクを乗り回すヘルズ・エンジェルズであろうが、必要ではないにもかかわらず銃を欲しいと思ってしまう人であろうが、自由がすべてだと信じるもっと温和なリベラルの話にもなりえます。でも、この問いは良くも悪くも、自分がアメリカ人であるように感じるとはどのようなことなのか、という問題の核心を突くものだと言えるでしょう。

さて現在、私たちアメリカ人はかつてと比較して、より自由になっているのでしょうか？　それは断言しがたい問題です。経済的なことがここでどの程度関係するのか、という問題もあります。この問題については、論じる方法が山のようにあるのです。

私が知っている、または行ったことのある国の中で、アメリカは「発言の自由」や「行動の自由」に対する制限が比較的少ない。しかし、それはどのように評定できるでしょうか？　二〇点満点で九・四点くらいでしょうか？

その意味では、アメリカン・フリーダムは実在しているし、「自由の地」という評価も正しいと私は思います。よその国からここに引き寄せられるように移民がやってくる大きな理由も、自分を再発見する「自由」であり、この新しい国で新しい自分になろうという意識だったことでしょう。これは真実だと思います。

もちろん、多くのアメリカ人は、自由を可能にするために他者に自由を強いることができると信じています。「私たちの自由」が、他国でも社会的な支持を得られるかのように思ってしまうのです。「自由を強いる」という表現は、実は矛盾していますよね。

ガブリエル　おっしゃる通り、たとえば国を爆撃することによって人々に自由をもたらすことができるなんて、矛盾していますよね（笑）。もちろん、実際効果があったケースもありました。それも際立った効果が。だからこの類《たぐ》いの話は、「成功モデル」になります。そう、ヨーロッパでは確かにうまくいったように思います。私はドイツ出身ですが、みんな幸せです（笑）。

アンダーセン　それは事実です（笑）。

思い返してみると、現在の世界では、特に第二次大戦は行われるべき戦争だったのか否か、論争がありますよね。どの戦争も、もちろん悲惨な事態を招くことは避けられません。しかし、その核心の部分には、理想主義的な自由への希求があったのです。ヒトラーにイギリスの領土を取らせることもできましたが、何らかの自由の思想を維持しようという想いと、世界的な自由についての西洋的な基準によってアメリカが参戦し、ヒトラーは敗れたのです。その意味で、あなたは正しい。これは私たちアメリカ人が長い間、自画自賛してきた格好の例かもしれません。

ガブリエル　ここニューヨークにいて煌《きら》びやかだと思うのは、アメリカに来る誰もが、ここにいる誰もが、常にフィクションとイリュージョン、いくつかの層に晒されているということです。これは、アメリカの美しい部分でもあります。ニューヨーク市はとても美しい。イリュージョンが混ぜ込まれているからです。

たとえばウディ・アレンの層、サインフェルドの層（「となりのサインフェルド」は一九九〇〜九九年に米国で放送され、番組終了時まで全米視聴率No．1をとり続けた大人気ドラマ）、お気に入りのコメディが織りなす友人の層、ブロードウェイなどエンターテインメント業界の層、そして文学の層があります。ここでは文化が目に見えます。それが美しさの源泉になっているのです。

同時に、哲学者として矛盾に思われるのが、次のようなアメリカにおける正反対の事実です。このさまざまな層が織りなす全体像は、ドイツでは「精神」（Geist）と呼ばれるものです。これを英語に翻訳すると「文化」（culture）となるでしょう。ところがこの精神は、哲学的な理論化の対象であるだけでなく、むしろ哲学を否定するものにもなってしまうのです。特に、アメリカ哲学の標準的な観点からすると、人間の心と、私たちの文化＝精神との結びつきは幻想だということになってしまいます。アメリカ人は、人間は脳の信号と文字通り同じものだと信じています。

アンダーセン　科学的唯物論ですね。

ガブリエル　その通りです。アメリカで支配的なイデオロギーは科学的唯物論なのです。でも同時に精神の層は存在していて、しかも、すごくハイレベルな大衆文化があります。これは興味深い矛盾ではないでしょうか。どのようにしてハリウッドのような、世界を支配するソフト・パワーを持ちながら、科学的唯物論を掲げることができるのでしょう?

アンダーセン　アメリカはいつも二極化している場所だったのです。「科学唯物論 対 キリスト教原理主義」の二極化のように。産業、科学、技術進歩に、もっとも空想的で大げさな類いのものが合わさって、常に一緒に存在しているのです。しかも、最近はこの存在の形がほんとうにさまざまになってきて、非物質主義と超自然主義のバランスは、私の見解ではいくぶん制御不能な状態になってきています、いずれにせよアメリカという国は常に両面を持ち合わせているのです。

そして、ニューヨークはそういう意味で実に面白い場所です。私はアメリカ中部で育ち、ニューヨークには大人になるまで来たことがなかったので、余計そのことを感じます。ウディ・アレンに象徴される映画や、ニューヨーク発のトーク番組だけでニューヨークを見て育ちました。ですからニューヨークに引っ越すときはテレビ番組や映画の中に引っ越すような気分でした。

ガブリエル　非現実性を体験できるのはアメリカだけです。中国や日本でさえ、そのような力を持ち合わせていません。

アンダーセン　ハイパーリアルっぽいラスベガスのようなところのことだけでなく、アメリカ全土としてそうだということですか？

ガブリエル　ええ。どこに行っても非現実性の層があります。これが無い場所はほぼありません。

アンダーセン　あなたがニューヨークについて語られたことを踏まえると、確かにアメリカは全体として、本当にさまざまな場所、空間が、あたかも疑似フィクション化されたテーマパークのようになりたいと熱望しているように感じられます。

ガブリエル　そう言えば、あなたはラスベガスのハイパーリアリティについても言及されていましたね。その意味では、フランスの思想家ボードリヤールも議論の俎上に乗ってきます。あなたが本で書かれていたことは、ボードリヤールにも関係していますね。

アンダーセン　そうですね。彼はあらゆる面で私を苛立たせますが、何かとても正しい見方を持っていて、アメリカについて本質的なものを捉えていました。興味深いですよね？ そしていまやアメリカは私もよくわからなくなるほどに、さらにハイパーリアリティ寄りになって病的とさえ思われますが、これはアメリカに限らず生じていることではないでしょうか。もちろんあなたがおっしゃるようにアメリカではそれがより強いけれども、他の裕福な国でもこうした傾向に陥っていると思いませんか？

ガブリエル　それは良い質問ですね。しかしそのような傾向は実はヨーロッパでは全く見られないと私は思います。むしろ、ヨーロッパはそうした次元に断固として抵抗しているのではないでしょうか。その最前線に私は立っているのです。それが良いことなのかどうかはわかりませんけれどもね。ハイパーリアリティという錯覚のバブルも楽しいものかもしれません。アメリカには、ドラッグのような中毒性があります。そこに、精神を活性化させる要素があることも決して否定しているわけではありません。ただいずれにせよ、ヨーロッパはこの側面に抵抗しているのです。

アンダーセン　そしてブリュッセル〔EU〕は、そうした抵抗を維持するわけですね。

ガブリエル　そう、だから良くも悪くも、ヨーロッパには「物語」がないのです。このアメリカとの対比のせいで、ヨーロッパ人はアメリカに来ると、自分を非常にヨーロッパ人らしいと感じます。しかしそのことは、ヨーロッパ人としてのアイデンティティを持つということにはつながりませんでした。

現在ヨーロッパ人としてのアイデンティティの欠落は、EU危機のために、外部から見ると大きな問題と捉えられています。ヨーロッパ諸国は時々、アメリカと中国の両方から、「しっかりしたアイデンティティを持ったほうがよい」と「忠告」されることが多いように思います。しかし実はヨーロッパの強さとは、まさに「フィクション化」を拒む戦略にあると思うのです。なぜなら、過去にヨーロッパ人は〔ホロコーストという〕フィクションのバブルを経験していて……。

アンダーセン　最悪でしたね。

ガブリエル　まさに。

アンダーセン　しかし想像すると面白いですよね。ヨーロッパ人のアイデンティティを創作するのは難しいということがわかりましたし、それがここ数十年の間に問題になっていることもわかりました。

アメリカも、もしかしたらアラバマとニューヨークは異なる二つの国として見たほうがよいのではないか、ということに気づき始めています。何かしら文化的に地域差が出てくるのです。文化の分断が生じ、連邦の力が弱まってきており、アメリカ人らしさがどんどん無くなってきているのです。

ガブリエル　実際にそうしたことが起きているのでしょうね。二〇一六年の大統領選のとき、ニューヨークで講義があったのでアメリカに滞在していました。……それから一年ほどアメリカには戻りませんでした。非常に幻滅したのです。アメリカへの恋がある意味で冷めてしまいました。思いを言葉にするなら、「私はあなたにがっかりしたわ……」です。

アンダーセン　ドナルド・トランプを当選させてしまって……。

ガブリエル　そうです、トランプを当選させたからです。彼もニューヨークという街から生まれました。私は軽い中毒と言えるほどアメリカが好きだったので、それは大変なショックでした。でも、その後、ワシントン州に行って気づいたことがありました。シアトルで初めて、アメリカでの文化的な地域差に、本当に気づいたのです。シアトルはアメリカではないかのようでした。ワシントン州の空には雲がかかっていて、美味しいワインがあって。すべてが本当に別の国のもののように感じられました。それは二〇一七年でしたが、ワシントン州の人々は特に、トランプ反対でしたから。本当に驚きでした。

アンダーセン　私たちは全員、英語を話します。でも、アメリカ合衆国の中で一〇か所、違う場所に行けば、まるでランダムに選んだ、地理的にも分かれたヨーロッパの一〇地点と同じくらいの違いがあると言えます。

ガブリエル　私もそう思います。そして、それが重要なことではないでしょうか。でもそれは、外部からはそれほどはっきりと見えるものではありません。この見えにくさが、トランプをめぐっての人々の困惑を、ある程度は説明することでしょう。トランプが大統領として君臨できる一つの理由は、連邦システムが非常に弱いことです。でも、州がそんなに強くないというのも、アメリカらしさです。アメリカの郵便局に行って何かを送ろうとすれば、基本的に州なんて存在しないということに気づきます。そのようなものは、全く役に立たない、無きに等しいのです。

社会主義の捉え方

ガブリエル　もう一つ、これもヨーロッパとはとても異なるところを指摘しましょう。たとえばドイツは、アメリカの視点から見ると明らかに社会主義国ですが、ドイツ人の視点から見たとしても、社会主義と資本主義の融合・大連立なのです。

アンゲラ・メルケルは国を形作ったのです。彼女は東ドイツで育ちました。ですから、現在のドイツは明らかに、非常に真剣な社会主義と古き西ドイツの融合なのです。もし西ドイツだけだったなら、今頃はもっとアメリカ化されていたと思います。東ドイツの仲間は、深くアメリカ化された状況に、対抗勢力のようなものを持ち込んできたのです。

ドイツ人も、地域によって異なった気質を持っています。これはよく見落とされます。私の住んでいるラインラント地方には西寄りの気質の人がいます。そこに住んでいる人々は、フランスかイギリスかアメリカに行きたがります。一方で、筋金入りの東寄りという気質のドイツ人もいます。

アンダーセン　〔ロシアをめぐって意見が分かれている〕ウクライナで起きていることがドイツでも起きているということですね。

ガブリエル　そう、ドイツでも起きています。そして多くのドイツ人は、ロシアに注目すべきとも思っています、あるいは、最近だと中国ですね。彼らは、二一世紀に中国が自分たちの同盟国になる可能性についてポジティブに考えています。これはショッキングなことです。

アンダーセン　こういうこともありえませんか。アメリカでは明らかにこの話題が多いですね――「プーチンはこの混沌と分裂から欲しいものをすべて得ている」――アメリカのソフト・パワーがなくなればいいとプーチンたちは考えている、と。こうした議論が、トランプが大統領になってから加速しています。

ガブリエル　はい、これは非常に重要な研究対象です。こうした現象について考えるとき、プロパガンダの要素をそこに見つけられるのではないでしょうか。

たとえば、私は次のものが中国のプロパガンダだと思っていますし、あなたはヨーロッパのあちこちにこれを見つけられるはずです。アメリカにもあるかもしれません。すなわち、「中国のあり方こそが、気候危機を解決する唯一の方法だ」という意見です。つまり、気候危機の解決は民主主義では不可能で、権威主義の専制が必要だというのです。私は、これが中国のプロパガンダの一部だと思います。中国はドイツよりも気候危機を解決するのが上手いわけではありませんからね。

ですから、気候危機を解決したいとしても、中国モデルを取り入れるのがより良い選択肢ということにはならないはずです。しかし、私はドイツのビジネスマンにも、フランスのビジネスマンにもこの話をしましたが、彼らはみな、もうちょっと自分たちのビジネスに中国的統治方法を採用したほうがいいとか、そのほうが良い考えではないか、とか言っていました。これはひどい考えですよ。アメリカは、ヨーロッパに影響を与えようと思うなら、いまここに介入すべきです。しかしそれは行われていません。アメリカはいま、自分自身の傷〔＝トランプ〕の手当てで忙しく、それどころではないからです。

アンダーセン　突然、これまで私の人生では無かったようなことがアメリカに起きている。それは、社会主義国家と揶揄されてきた北欧人を模範として見ているということです。ドイツを入れてもいいですが、主として北欧人ですね。

ガブリエル　ええ、でも、それはおかしな妄想です。北欧は天国ではありません。北欧にもポピュリズムがあるからです。「真のフィンランド人」のような極右政党は、デンマーク、スウェーデン、ノルウェーにもあります。カナダはある程度免疫があるように見受けられます。というよりむしろ、カナダはいま、多くの人々にとってファンタジーですね。

アンダーセン　そう、カナダは良い場所です。それは大いなる自然実験です。カナダとアメリカはどうしてこうも違うのでしょう？　どうしてカナダのほうがあんなに素晴らしく見えるのでしょうか？

ガブリエル　その通りです。シカゴ大学から来た私の同僚の意見が参考になります。彼によれば、「カナダはアメリカと全く同じだが、アメリカより少しアメリカらしくないだけです」。

アンダーセン　はい、私もそのことを軽視していました。カナダにはたとえば、生き生きしたアフリカン・アメリカンの文化が無いので、より面白みに欠ける。しかし、ただそれだけなのです。もちろんカナダもいろいろな問題を抱えていますが、地球で二つ目のアメリカとしては、非常に魅力的ですよね。

未来についてのファンタジー

ガブリエル　アメリカという「ファンタジーランド」について、もう一つ完全に別の、とても興味深い層があります。未来についての空想です。

最近、AIについても多くの科学的信憑性が喧伝されています。人々は、映画『ターミネーター』のようなことが起きるのではないかと真剣に不安を抱き、AI分野の専門家たちでさえも心配を始め、技術系の人々も、「スーパー知性」が私たちの生活を乗っ取るのではないかと空想しています。

私は、こうした事態はどれも起きないと思っています。こうした、未来を不安視する動きについて、あなたはどのように考えますか?

アンダーセン　私はあなたと違って確信を持てません。刺激的なサイエンス・フィクションだと思いますが、既に、何をどうしろと私たちに指示する電話機〔＝スマートフォン〕を持っているので、部分的にはそういった世界になっているような気もします。

私はこの数十年間、アメリカについて考えてきました。そして、私たちの問題の一部分は、未来を予見しそこねたことだとも思っています。私たちは長期スパンで考えることを怠ったのです。私たちは、アメリカのシリコンバレーで起きているデジタル世界を除けば、みなノスタルジーに巻き込まれてしまいました。

サイエンス・フィクションは、未来を想像して思い描くための方法でもありました。起こりうる未来を紙の上に書いてみると現実になる、というような感じです。

シリコンバレーの人たちと話してみるといいでしょう。間違いなく、彼らの半数以上は子供の頃に『スター・トレック』か『スター・ウォーズ』を見ています。そして、それが彼らを今いる世界へと導いたのです。だから、サイエンス・フィクションに「効果」はあるのです。ところが、ある時点まで来たら――主に一九七〇年代に――「あら、素敵な疑似ユートピア未来ね！」とはならず、逆にディストピアが生まれてしまいました。

そしていま、ユートピアとディストピアの両方が存在します。ＡＩの専制も、ＡＩがすべてを解決するというのも、どちらも私にとっては非現実的な見方です。どちらもファンタジーです。両極端の間に横たわる、ドロドロした政治的・人間的・文化的な要素を避けるから、そのようなファンタジーになってしまうのです。

ＡＩによっていくつかの職は失われるでしょう。ただ、個人的には、仕事はむしろ足りなくなるのではないかと思っています。ロボットが二〇三九年に私たち全員を殺す、とも思いません。でも、職が足りない未来にどのように対処すべきかについて、私たちは政治・経済において準備を始めなければならないでしょう。

未来のファンタジーについて話をするときは、二〇年、三〇年、四〇年先のことよりも、もうちょっと身近な一〇年先のことについて考えたほうがよほど効果的ではないでしょうか。そして、そのような議論がアメリカで出始めていることを嬉しく思います。

ドナルド・トランプもいつかは退任します。しかしトランプが舞台を去った後に、現実に直面しなければならなくなるかもしれない。彼がやってくる前のファンタジーランドがどのようになっていたのかを確かめるのが、まずはそのときの課題になるでしょう。

ワシントン・ポストによれば、トランプはタイミングを読む鮮やかな勘で、大統領になるために、既にあるものに資本を投下し、既にあるものを搾取してきて、文字通り一日に二〇個もの嘘を公についています。問題は、私たちが事実や現実についての共有された感覚というものを認めないまま過ごしてきたために、彼が去った後、社会が統治不可能になっているのではないかということです。これはとても危険なことだと思います。

ガブリエル ええ。デリダやフーコー、その他のフランスのポストモダン哲学者が語っていた現象は、現在、全部ホワイトハウスの中にあります。だから私が思うのは……。

アンダーセン それが全部、社会的構築物だと。

ガブリエル 確かに一般的な理解では、社会的な構築物、基本的に幻覚だということになっていますよね。ただし、実は、デリダとリオタールはこうした見解を支持しませんでした。デリダは社会的構築物だなんて絶対に言いませんしね。

フランスのポストモダン哲学者は全員、アメリカというファンタジーランドを念頭に置いていました。それを研究対象にしようとしていたのです。それがボードリヤールの正体です。実際、彼らはファンタジーランドを支持してはいませんでした。しかし現在では、興味深いことにポストモダンの診断が、まるでアメリカ合衆国の支配モデルであるかのようです。

アンダーセン トランプ大統領の就任三日目に大統領顧問がこのように言いました。「いいえ、それらはオルタナティブ・ファクト、もう一つの事実です」。まるでデリダが言ったかのようです。でも実際には、ポストモダンの思想家たちも、そんなでたらめを肯定するつもりでそうした表現を使ったのではなかったのですよね。デリダたちの考え方も、アメリカ人の間で数世代かけて大衆化すれば、もう少し正しい理解が広まるのでしょうか。

ガブリエル　そう思います。デリダたちは、さもオルタナティブ・ファクトを支持するかのように受け取られ、誤解されたまま、アメリカでは紹介されてしまいました。誤訳の問題もありましたし、また彼らもアメリカのことを理解していなかったのかもしれません。むしろちょっと嫌っていたのでしょう。フランスの知識人がアメリカに受け入れられるということ自体、複雑な話なのですから。

アンダーセン　では、ハイゼンベルクにまで遡りましょうか。人々はハイゼンベルクの不確定性原理や、相対性理論までも読み間違え、歪んで捉えます。真実など存在せず、現実も存在しないというふうに。デリダやボードリヤールに戻れば、彼らが語ったことは誤った水準で捉えられていたというわけですね。

ガブリエル　『ハリーを脱構築する』みたいな映画名も、そうしたことの現れでしょうね

〔「脱構築」はポストモダン思想におけるキーワードのひとつ。映画はウディ・アレンの作品で邦題は『地球は女で回ってる』〕。

こんな風に考えています。私たちをここへ誘ったのはファンタジーランドという融合体です。ファンタジーランドはある意味ではものを吸い込み、必要なときに取り入れるのが非常に得意だからです。それは、腹を空かせた猛獣なのです。

アンダーセン　アメリカは何でも吸い込むのが非常に得意です。先日私は誰かとピザの話をしていて、ピザが究極のアメリカンフードだと主張しました。何でもピザになるからです。生地を置いて、その上にチーズや、好きなものを何でも乗せるだけですから。

それはアメリカの特徴でもあります。あらゆるものが、「使える」のです。現代では、たとえば大学のキャンパスでは、明らかに文化の盗用が問題になっています。これはとりわけ、アメリカが本質的に巨大な掃除機である、もともと世界の文化盗用者であるという理由が大きいと思います。

ガブリエル　もちろんです。そうしなかったらアメリカはすぐに機能不全に陥るでしょう。それは強みでもありますよね。

「ポストモダンは誤って捉えられた」とみる2人

アンダーセン　おっしゃる通りです。トランプは壁を作ることで崩壊を早めているのです。

ファンタジーを必要としないヨーロッパ、すでに遍在している日本

ガブリエル　ご存知の通り、日本は戦後、ドイツのように多くのものを取り入れてきました。たとえばアメリカ文化、建築、タイムズスクエアのようなキラキラしたマンハッタンの都会化のモデルなどですね。あなたは、ファンタジーランドが任天堂のテレビゲームとつながっていると感じますか？

アンダーセン　もちろん、ディスプレイの中ではね。日本人の友達と話したり、日本を訪れたりして、私の知っている限りで、そう感じることもあります。でも、〈現実とファンタジーの間には〉まだまだ境界がありますね。私から見て、ゲームの世界、オタクの世界、マスコット、巨大なぬいぐるみは日本のどこにでもあります。しかしそれらはファンタジーの世界にとどまっていて、あるべき場所を越えて現実を侵食しているようには見えません。つまり、日本人はアメリカ人のようにフィクションを生きているか、と言われれば、まだそこまではないと言えるでしょう。

ガブリエル　日本へは行ったことがありますか？

アンダーセン　ええ。奈良に三〇年間住んでいた友人がいて、彼は私の日本のガイドです。いつも日本に行くときには彼を訪ねるし、日本について考えることや疑問に思うことがあれば、彼に話したり質問したりしていました。

彼も言っていたのですが、日本におけるもう一方の極端さとして、おそらく言動や規範がとても注意深く成文化されているということです。日本の文化で私の心を打つのは、どんなときも、誰もが何をすればよいのかわかっていることです。

子供の頃見た、母の古いエチケットの本を思い出します。エチケット本なんていうものが存在した時代ですね。誰かが何かを言ったり、やったりするとき、たとえばテーブルのセットのしかたはこれこれこういうものだ、というようなことが記述されている本です。その本を見かけたとき、一九六〇年代当時でも時代遅れに感じられて、「えっ、どういうこと?」と思いました。私が日本で感じるのは、このように、少なくとも社会のあるレベルで規則が成文化されているという感覚です。もしかしたらヨーロッパでもまだそうなのかもしれませんが、アメリカには、そうしたものはもうどこにもありません。

そういう理由で私は、日本はアメリカとは全く違うのだといつも思っていました。日本ではどんな状況でも、どんな人とも行儀良く接しますが、アメリカは最初から、誰も大統領に敬意を表さないとか、誰もが好きなことをなんでもやってよいという思想でしたから。

これが、私が「ファンタジーランド」と呼ぶものの温床です。真実であって欲しいものは何でも真実で、なろうとする自分がどんなものでも真実、ということが温床になるのです。私の中でのファンタジーには、すべてにおいて良い側面と悪い側面があります。

それがコントロールされているうちはよかったのです。それが五〇年前から制御不能になり始め、それがインターネットにより加速し、悪化しました。

ガブリエル　あなたの成文化という話は、私の言い方では、「力の場」（force field）と呼べるものかもしれません。私の印象では日本はまるで「力の場」のようです。そして、誰も、それがどこから来ているのかわからない……。ただそこにあるのです。

アンダーセン　はい、それはある意味羨ましいものでもありますよね。私にとっては、これにはたとえば、中国の独裁主義モデルよりも、より温厚で羨ましい何かがあります。

ガブリエル　はい、私にも似たような感覚があります。その場で機能する不思議な力は、時に感動的ですらあります。しかし、私の知人や、日本人の友人たちと話していると、彼らはこう言います――「これこそが抑圧的なのです」。力の場は解体されるべきなのだ、と。

アンダーセン　その通りです。実際にそれについて読んでみると、窮屈で嫌な感じがしてきますね。

ガブリエル　私は嫌です。実際に日本に住んだとしたら、力の場が無くなってほしいと思うでしょう。そしてドイツでも、それを思わせるような小さなことが時々、あります。私はドイツ人としては、「なんということだ、こうあって欲しかったのに、うまくいかない」という感じです。

私は最近ハイデルベルク大学で大きな仕事の依頼を頂いたのです。ハイデルベルクもそんな感じなのです。昔のドイツであるかのような……。実際、人々は博物館にいるかのように、そこが保存された空間であるかのように振る舞います。ハイデルベルクのアーガイアス〔『スター・ウォーズ』シリーズのTVアニメ『クローン・ウォーズ』のキャラクター。〝厳重な見張り人〟を意味する〕と呼んでいるんですよ。そこに行けば、こう感じます。「だめだ、ここにはいられない」。私はそれを見ることができ、この力の場の一部になってみることができてよかったと思います。彼らは何も受け入れないし、外へも出しません。

アンダーセン　あなたがアメリカにいる間、多くの時間をニューヨークで過ごされたことは興味深いです。いろんな意味でニューヨークは不思議で、非アメリカ的な場所なので。

ガブリエル　はい、いろんな意味でそうですね。アメリカに対して違った見方ができます。

アンダーセン　ハイデルベルクのアーガイアスにたとえて考えてみたら、物理的に古いですよね。ニューヨークの建物の平均築年数は一〇〇年くらいで、アメリカにしては古いんですよ。それは生活にある種の文化を植えつけていると思うのです、ニューヨーカーにおいては。これは、もっと新しい都市には存在しないものです。

ガブリエル　はい、間違いありません。

科学的唯物論と宗教

ガブリエル　私は最近、アメリカの社会学者から、以前は考えたことがなかった側面に関して、意見を聞きました。アメリカの教会についてです。彼女が私に指摘したのは、アメリカの広大さです。かつて、次の都市に行くために移動しなくてはならなかった距離、そこに至るまでに征服しなければならなかった空間の広さという問題です。お金を稼ぐ人は、より良いビジネスの機会を探して遊牧民のように動き回ろうとします。ニューヨークの人々には想像し難いと思いますが。

しかしとにかく人々は移動していきます。そして次の町に着いたら何をしたのでしょうか？　教会へ行ったのです。そこで商売に必要なさまざまな連絡先を得られるからです。

アンダーセン　アメリカでは、土地の人々と仲良くなって店で品物を売るためには、教会とのつながりが必要でした。

ガブリエル　合理的なビジネスマンが教会に行くという、対立する二つのもの、すなわち科学的唯物論と宗教が、そこで出会うことを意味します。これは、入植者たちの二種類の才能に相当すると思います。ここに来たばかりのヨーロッパ人にしてみれば、深刻な、幻覚のような、明らかに異なる感覚があったはずだと思うのです。異なる景色、独自の物語を持った先住民との遭遇などです。これらはすべて、全く別の外国に旅したかのような、潜在的に魔法のような、そして危険な世界だったのです。

ディズニーランドで得られる体験は、こうした経験を非常に近代的な形で表現したものだと思います。砂漠や、色彩豊かなグランドキャニオンなどですね。あのような景色の中へ入るという超自然的な体験は、こうした事情を反映したものだと思います。

アンダーセン　それは理にかなった主張です。私たちの文学とフィクションには、南半球と比べてマジック・リアリズム〔一九六〇～七〇年代のラテンアメリカ文学に特徴的な描写の手法。日常的、現実的な表現の中に、スムーズな形で超自然的な記述を入れ込む〕が少ない。これは興味深い特徴です。その理由はあなたのおっしゃる通りだと思います。

狂気を鎮圧する合理的で理性的で分別ある組織に加えて、アメリカで確かに面白いのは、この危険で物騒な、生きるか死ぬかの世界で生き延びなくてはならなかったということです。こうしたリスクが要因となって、「新しいシオン」についていろんなことを信じるようになった〔ユダヤ民族が新しい土地に国家を建設しようとしたようにアメリカでも信者たちが新国家をつくろうとした〕。サタンがここに来る、とか。宗教の実用性は生き残るための緊急的な方法だったのです。

ガブリエル　全くです。古い世界からの助けなしで、なんとかして、とにかく生き残ろうとしたのでしょう。オクラホマまで来たら、古い世界はあまりに遠い。ドイツから友人を連れてこようと思ってもできません。それは選択肢にはありませんでした。

アンダーセン　すべてがショーだという話でいうと、もしケンタッキー州の真ん中にいて、人口二〇〇〇人の町からも二〇〇マイル離れていたとしたら、そこにはエンターテインメントなどありません。いるのは毎週日曜日に神様とイエス様について語る男だけなのです。それがエンターテインメントになります。

ガブリエル　そうです、それがショーです。唯一の合法的なショーだったのです。だから、そのショーにおいては危険が象徴的に再現されるのです。アメリカは常に、生命を脅かされる経験がある場所でした。これはアメリカン・フリーダムの一部でもあると思います。

アンダーセン　だからアメリカ人は銃が好きなのです。

ガブリエル　はい、とても好きですね。そしてやはり非常に危険な場所であることに変わりはありません。アメリカの建国についての再現は日常に織り込まれているのです。

アンダーセン　はい。ただ、率直に言えば、国が歳を取るにつれて、驚きと感謝の感覚を失いつつあることが、現代の問題の一部ではないでしょうか。

いまあなたが、アメリカの建国の再現と表現されたのが興味深かったです。一九世紀にバッファロー・ビルというキャラクターがいます。彼はあまりにも完璧に、アメリカ的なキャラクターです。荒野で実際に先住民との戦闘があり、彼らが殺されていた時代に実在した軍人でした。それを実行して勲章を勝ち取った若者だったのです。そして東部に行き、セレブになりました。伝記も書かれて神格化され、バッファロー・ビルという名前で舞台にも出演して自分自身を演じていました。実名はウィリアム・コーディ。彼は西へ戻ると兵士や偵察として戦い、西部と東部を行き来する生活を何年も続けて、ついに自分のエンターテインメント業界を作ろうと決断し、四〇年間もそれを続けました。

ここから一五〇年早送りすれば、大統領になるためにテレビで重役の演技をする人物が出現します。ある意味これはショーです。アメリカに限ったことではないかもしれませんが、あまりにアメリカを決定づける特徴で、ものすごくアメリカらしい話です。

ガブリエル　そして、私がドイツ人哲学者としてアメリカに魅了されている部分は、土地と空間を占領していると思っているところです。このことについて書かれているのが、ドイツ人哲学者ユルゲン・ハーバーマスの『自然主義と宗教の間』です。ドイツで起きることと全てが、自然主義と宗教という二つの両極端の間にあります。そして、その間には広い空間があり、ドイツはこの空間の中で何百年も動いてきたのです。

アメリカで驚くことは、両極端が両立して、一つの空間をなしていることです。これはドイツ哲学者として私が驚いたことでした。まさに私が考え続けてきたことは、自然主義でもなく宗教でもない、ということでしたから。人類の文化生産についての私の考え方は、脳に還元されるものに関してでもなく、超自然の神が私にアイデアの想像を掻き立てることに関してでもありません。すべて中間地点にある。でもアメリカは違う。

アンダーセン　私がもっとも尊敬する偉大なアメリカ人神学者が、ラインホルド・ニーバーです。彼は牧師であり、社会主義者であり、政治家でした。そして本物の哲学者でした。私は宗教を拒否した後の若い頃に彼の著書を読んで、「ああ、人々がこのようにして宗教を信じるのであれば、私も納得できる」と感じたのを覚えています。

なぜなら、生物学者リチャード・ドーキンスの著書『虹の解体』のような、合理性のハイパー唯物主義とウルトラ世俗主義でもなければ、狂気の超自然宗教でもなかったからです。それはその間のどこかにあるようでした。そのような類いの、目立たず、捉えにくい哲学的な領域は興味深いものです。振り返るに、今日この国でキリスト教がどのような状況にあるかを考えると、アメリカの宗教においてニーバーの考える信仰の形が、短い間であれ存続したということは、驚くべきことだと思います。

ガブリエル　私の思想は新実在論と呼ばれています。『なぜ世界は存在しないのか』という本も書きました。この考え方は、「その両極の間に真剣な妥協案があります」というものであり、これが私の主張の、アメリカでのセールスポイントです。

倫理的普遍性を考え始めるためには、中間地点が必要なのです。科学的唯物論は私たちに人権をもたらしません。文化相対主義も同様です。両方とも人権を否定します。科学的唯物論者は「違う、すべては脳だ」と言います。そうすれば、ロシアに抵抗する理由がなくなってしまう。彼らは異なった脳を持ち、単に脳が喧嘩をしていることになるのです。宗教に全力を尽くしたとしても、普遍的なものではありません。キリスト教も普遍的ではない。私たちは、日本の友人にキリスト教を押し売りすることはできません。それは無意味なプロジェクトです。だから、私は妥協案としての中間地点が必要だと思います。

アンダーセン　ＮＡＴＯは物を売るソフト・パワーの世界になるのですね。その代わりに誰のことも守らない。ロシアからも守りません。私たちが自由な世界を守るのです。

ガブリエル　ええ、まさにそうすべきです。

アンダーセン　さあ、一緒に！

ガブリエル　ぜひ！

Ⅲ章　人文知なき資本主義は破綻する

——クリスチャン・マスビアウ×マルクス・ガブリエル

クリスチャン・マスビアウ
Christian Madsbjerg

人文科学の重要性を説いたベストセラー『センスメイキング――本当に重要なものを見極める力』（プレジデント社）の著者。ReDアソシエーツ創業者。同社ニューヨーク支社ディレクター。コペンハーゲンとロンドンで哲学、政治学を専攻し、ロンドン大学で修士号を取得。ニューヨーク市在住。ReDは人間科学を基盤とした戦略コンサルティング会社で、メンバーには哲学、歴史学、文化人類学、社会学の専門家がいる。

日本人の美的感覚

ガブリエル　日本へ行ったことがありますか。

マスビアウ　ええ、何度も。

ガブリエル　私は東京、大阪、京都しか知りません。しかも、その多くは東京に滞在していました。東京とニューヨークの違いを、あなたはどう捉えていますか？　本質的な違いがあるようにも思えますが、どう見ているのか、そこからお聞きしたいです。

マスビアウ　ニューヨークは、東京に比べると田舎の街のように感じますね。私が二〇歳か二一歳の頃、ある日本の財団から手紙をもらいました。「奨学金を差し上げます。まずは日本に行って、どうぞ楽しんでください。もしあなたがその経験について何か言葉にしてくれれば、それは素晴らしいですし、もし書きたくないのであれば、それでも構いません」と。そして三か月間、東京に滞在する機会を得たのです。

私は日本人のガールフレンドを得ました――それは素敵で、それだけでも素晴らしい経験でしたが、東京に対しても恋に落ちました。今でも東京へ行くたびに、ある意味で故郷にいるような気がします。もちろん全く故郷などではないのですが、あの土地だからこそ感じられることがいくつかあります。デンマーク人だからかもしれません。日本との間に美的なつながりを感じるのです。

ガブリエル そう、日本では美的感覚こそが行動原理の中心になっていますね。それこそ、日本において現象学が大きな役割を果たした理由の一つです。ご存じのように、京都の本物の日本料理店に行けば、これぞ完璧だ、と感じますからね。

マスビアウ 畏敬の念を禁じえません。私が日本で本当に好きなことの一つは、経年変化の感覚だと思います。アメリカでは、そこに新しいアパートがあるとしたら、まずすべてを取り出し、新しいものを入れます。それが五年続いたら、また全部を入れ替える。

ガブリエル ええ、まさにそうです。

マスビアウ 日本では、さまざまなものが二〇〇年以上前に作られていて、その素材の美しさも並外れています。片や、ニューヨークではすべてがせいぜい五年前のものです。

ガブリエル 五年経つともう動かない。私はいまチェルシーのアパートに滞在しているのですが、建物は新しいのに、ガス漏れがありました。消防士が来なければならなかったのですが、これは文字通り、建設されてから五年後の出来事なわけです。アメリカでは、少し時間がたつとすぐ故障ということになるのです。

マスビアウ ニューヨークでは排気の音もとても大きい。しかし日本はすべてにおいて静かです。旅館は木でできていて、ゴージャスな印象を与えます。

それから、これが好きなのですが、最近まで知らなかったことの一つに、日本人のユーモアのセンスがあります。もちろん日本人の礼儀正しさも素晴らしいのですが、彼らが心を開いて冗談を言い出したらそれもまた本当に楽しく、日本人と心が通じたと感じます。

ガブリエル氏をオフィスへと迎え入れるマスビアウ氏

ガブリエル　そうですね。私は、日本社会は非常にレベルの高い相互観察によって構成されていると感じます。このネットワークはとてもよく発達していて強力です。

マスビアウ　日本の美学について言えば、実際に行ってみると彼らの美的な知性のレベルが高いことがよくわかります。部屋での照明が人々をどのように映し出すかに注意を払うということ、また、音の質がどのように生み出されているのかをよく理解していることなど、さまざまな感性の経験を伝える創造的な方法が発達し、伝承されているのです。そこにいると居心地がよくて、普段の仕事では触れることのない知性を持った人たちがいるのだと感じられます。

ガブリエル　ええ。

マスビアウ　この美的な感受性は、私たちが今日ＡＩと呼んでいる人工知能と同じくらい重要だと思います。そして、この感覚こそ、とても人間的なことですから、自動化したりアルゴリズムを書いたりすることはできないと思います。美的感受性のレベルがもっとも高い国は日本だと、私は思います。

ＡＩが解決できていない問題

ガブリエル　全くもってそうですね。これは非常に重要なことです。この感受性のレベルの認識は、パターン認識の限界についても教えてくれると思います。機械的な認識の概念では、認識できないパターンがあるのです。

そのことを簡単に証明するなら、ＡＩ研究には哲学的な問題があることをまず認識しなければなりません。人間はしばしばＡＩの問題を解決したかのように飛び越えてしまいますが、実は解決できていない問題がたくさんあります。

これはとてもシンプルな哲学的議論です。ＡＩが人間によってではなく、宇宙人によって設計されたものだと想像してみてください。宇宙人は地球上で何が起きているのか全く知りません。ですから彼らは人間と机が違うということさえわからない。すると、人間と机を区別できるＡＩはできたのでしょうか。私が思うに、宇宙人が作ったＡＩは人間と机の違いを認識することができません。

マスビアウ　宇宙人たちは、地球を支配しているのは自動車だと思い込むかもしれませんね。私たちは車のためにあらゆるお金を費やしたり、車を大事に扱ったり、洗車したりするからです。すべての国の真の支配者は車だということになります。

ガブリエル　その通りです。あるいは植物についてもそう認識するでしょう。植物は二酸化炭素が必要だから、人間にそれを排出してもらうべく、実は植物が人間に対して、車に乗るように強いているという見方もできるかもしれません。

ものの在り方、つながりなど私たちにとって当然であることも、宇宙人には見えないかもしれない。ソフトウェア・エンジニアたちは、よくこの手の問題に直面します。ソフトウェア・エンジニアが作るものを、私は人間思考「モデル」と呼んでいます。彼らは私たちの思考過程のモデルを記述しています。

しかし、人間の思考過程の「モデル」は、思考過程そのものとは全く別物です。そのため、多少、非人間的なものになりがちです。それがＡＩのおかしなところです。しかし、そうは言っても、ＡＩは人間の作ったものですから、完全に人間的なものであるはずなのです。

人間が作った人工知能が実際に行うのは、私たちの思考過程の「モデル」を与えることです。だから、私たちの思考過程はひとつのデータです。データがなぜ「新しい石油」とも呼ばれる貴重な資源になってきているのか、そのひとつの理由はこれです。フェイスブックにおける私のデータポイントのような、ひとつのデータがあるとします。私はそこで、自分について考えている通りの自分自身を表そうとします。バーベキューをする人間として自分を表す場合は、バーベキューをしている姿の自分の写真を投稿します。そして、私が選ぶ写真は、私は自分自身をどう考えているかに左右されます。

それらをつなぎ合わせていけばいくほど、そのモデルにとって、私の振る舞いを説明したり、予測したり、変更したりすることが簡単になります。人工知能は私たちの知能のようなものだとか、それに勝るものだとか、あるいはパターン認識できる思想家の知能のようなものだとか……。しかし実際は、厳密にそういう意味での知能ではありません。人工知能はパターンを認識できるわけではなく、既に存在するパターンを体系化します。それはパターンの体系化であって、パターンの認識ではありません。パターン認識というのは、そもそも誤解を招く言い方です。

マスビアウ　私はビジネス界で仕事をしているわけですが、ＡＩの今後についてはかなり失望感が広がっていることに気づいています。ＡＩがうまくやれるのは、音声のテキスト化です。音声を受け取り、それをうまく文字に変換できます。もうひとつ、顔認識もそれなりにうまくできます。完璧ではないために、さまざまなことに適用するうえで倫理的な問題が生じます。とはいえ、あるルールに基づくゲームの制限下で、ある程度は使えます。だから Alpha Go（アルファ碁）は強いわけです。

しかし、これは人間が使うツールとは全然違います。人間は一部の決まったルールを生成しているわけではありませんからね。だから、いま企業が認識し始めたのは、社会的行動を予測するうえでＡＩとコイン投げはほとんど変わらないということです。つまり、予測の精度は五〇％程度、五割とか六割とか……。

ガブリエル　そんなに低いんですね！

誤った哲学に基づいたＡＩ開発

マスビアウ　しかしたいていの人は、こういう場面でこそＡＩがうまくやってくれることを期待します。大勢のエンジニアもそうです。しかし、未だにＡＩはランダムな予測以上の成果を出せていません。それがなぜか、あなたならきっとわかると思います。しかし、ＡＩのコミュニティーでは、その哲学的な議論がなされていません。

それなのに、ＩＴ企業や大企業が次なる目玉として大々的に宣伝しているのはＡＩによる行動の予測の成果です。昔と同様、一九八〇年代、六〇年代、五〇年代のＡＩブームのときと同様です。考え方は変わっていないのです。しかし、結局それは真実を捉えてはいません。

ガブリエル　社会的存在論が、ここでは取り違えられているからです。なぜか。その理由はこうです。

あなたはそこに座って私を見ていて、私はここに座ってあなたを見ているから、私たちの知覚システムで意見の食い違いが発生します。私たちは、非矛盾の法則を適用してこれを解決します。それで、矛盾がないこと、私たち二人とも部屋にいてよいことがわかります。「ここにはあなただけがいて、自分はいない」などとは思いません。つまり、私たちには意識というものがあります。部屋にある実在物、たとえばテーブルなどについて一緒に意識することができるのは、物を異なる視点から見ているという知識のおかげです。

私たちは、さまざまな心理状態を比較するという「視点の管理」を通して、知覚の中で対象の統一性を構成していきます。だからこそ、私たちは社会的動物なのです。しかし、この社会性、視点の多様性を、現在のＡＩシステムによってはモデル化できていません。

なぜなら、現在のＡＩシステムは、いま私が言ったような社会的存在論とは相容れない、独特の哲学的な理解に基づいているからです。ダニエル・デネットがこの哲学的理解を擁護しており、そのためＡＩ研究者たちの中で、彼はとても有名です。彼は「シンプルな心理学」という誤ったフィクションを提案したのだと思います。それは「すべての人間が基本的に、同じ見当違いのやり方で論理判断を行っている」というフィクションです。しかし、現実はそうではありません。社会的複雑さというのは、私たちの視点がお互いに、彼らが仮定するよりも遥かに異なっているということですから。

だから私に言わせれば、人間のできることに対して、ＡＩ研究者は実際の説明どころか、それに近いものさえも見つけられていないのです。誰も、道路の反対側にいる人と衝突することはありません。私たちは協調して活動するからで、確率を計算してそれを行うわけではないからです。そんなことはありえません。

マスビアウ　道路での運転の話をすると、自動運転が奇跡だと言われたりします。しかし私は、人間による運転そのものが奇跡だと考えています。毎日出かける無数の人々のことを考えてください。中には車を衝突させてしまう人もいますが、衝突の原因はだいたい飲酒運転です。よく考えてみてください。みなが普通に運転できるのは素晴らしいことです。車という「兵器」で高速移動中でも人は活動を協調できるなんて、とてもすごいことです。

ガブリエル　そう、素晴らしいことですね。

マスビアウ　あなたが言うように、ＡＩの前提が大切です。なぜなら、いまは大企業で人を雇うときに、履歴書を見たり、学校での成績を見たりします。また、ＰＲする映像を見れば社員としての行動も予測できるという主張もあります。こうして、人が人を「見抜く」ということと、それから、あなたが言っているようなことがなくなってきています。

つまり人々は、誤った仮定のもとで雇われています。それはコイン投げと変わらない予測モデルに基づいているわけです。なんと恐ろしい話でしょうか。賃借人の審査も同じやり方で行われています。論理的な方法ではありません。これは、誤った哲学的な仮定に基づいています。大惨事です。

ガブリエル　その通り。たとえば、誤った数学を利用したことが明らかになったと想像してみてください。そうしたら、みなが「何てことだ！　馬鹿じゃないの？」と思うでしょう。では、そもそもなぜ誤った哲学を利用しているのでしょうか？　いったいなぜそれが良いと思われているのでしょうか？　なぜこのことがスキャンダルにならないのでしょうか？

哲学は、単に疑問を投げかけているだけではありません。私たち哲学者は、答えも見つけ出そうとしています。何かが正しいときは、なぜそうなのか、私たちはそれがわかります。しかし、他の科学的な活動同様、私たちも知らない事柄があります。だから哲学は、オープンで、変化に満ち、創造性に富んだ分野なのです。哲学は、ルールブックのようなものではありません。この分野のトレーニングを受けて、スキルを身につければ、他の人には見えないような事柄が見えるようになります。

そうした視点から、特にアメリカでのＡＩなどのビジネスモデルを含めた、世界の多くの人々の哲学の基礎は、かなり悪い状態だということがわかります。これを推進しているのは、一九世紀と二〇世紀の論理学ですね。これには哲学者たちも関係しています。バートランド・ラッセル、ゴットロープ・フレーゲ、アラン・チューリング、ルートヴィヒ・ヴィトゲンシュタインなどです。彼らは、人間の頭脳については勘違いをしているのです。

しかし、なぜ私たちは、いまでもこの間違った哲学に依拠しているのか？　シリコンバレーの周辺にたくさんの大学があり、有名な哲学科があって、そこでこの考え方が主流になっていることがひとつの理由です。

マスビアウ　分析哲学ですね。

ガブリエル　はい、アメリカの標準的で主流の分析哲学は、誤ったことを仮定したり、広めたりしています。これは、経験主義から生まれて言語分析を中心とするに至った論理主義です。命題論理で現実そのものの構造に到達できる、そういう考え方です。これらは、ヴィトゲンシュタインの初期の誤った考え方です。

マスビアウ　つまらないですね。哲学者たちがＡＩを研究していないというのも問題です。

ガブリエル　その通りです。これは私たちの責任でもあります。私は哲学を教えていますが、哲学を単に哲学そのものの学問として教えたり、同じことに興味を持つ五～六人に向けて論文を書いたりしているから、そういう結果になるのです。生物学やＡＩなどの研究をする哲学者を育てていないということも、やはり私たちの責任です。

マスビアウ　まさにそれが間違いですね。哲学は他のことと無関係な学問ではありません。一見違うように見えても、哲学はすべてのことに関係しています。人間の存在論、人間の社会に対する見方、予測できると思われる事柄、これらを研究しなければなりません。

ガブリエル　全くその通りです。それが、さまざまな危機の認識と現実に関係しているもののひとつです。たとえば、自由民主主義、自由世界、人工知能、予測可能性、ソーシャル・ネットワークなど、そして中国の台頭や、現在心配されていること、問題だと思われていることは何でも、ほぼ間違いなく哲学的な現象です。

哲学者たちはこうした現象に介入せずに、いったい何をやっているのでしょうか？　かつて啓蒙のプロジェクトは、まさに世界の危機に介入しようとしていたのです。

哲学は、本来浮世離れしたものではありません。二種類の哲学があるとして、その間に明確な線引きはできませんが、両者はお互いに協調しなければなりません。一つは浮世離れした哲学で、学派的な哲学とも呼ばれています。もう一つは世界観的な哲学と呼ばれていて、どちらかというと後者のほうが、私たちにとって、より必要です。

マスビアウ　私は世界観のほうをやっています。

ガブリエル　私は両方をやろうとしています。

人文知の重要さを知っている日本人

マスビアウ　日本の話に戻ってもいいですか？

私が前回日本に行ったとき、一連の講義をしました。その内容はＡＩ批判でしたが、講義室に六〇〇人もいて、床に座る人も出たほどでした。参加できて素晴らしかったです。日本でもこのことは話題になったようです。

興味深かったのは、文学の役割とか、美学とか歴史とか、哲学などについて話をすると、「わかります」「それは大切です」という反応がすぐ来ることです。日本ではかつて文学や美学についての重厚な研究がありましたが、いまは大学での資金助成の対象から外れやすいようですね。その結果、優秀な人たちが歴史を学びたいと思ってもその場所がなくなっています。代わりに彼らは情報科学や経済学などを学ぶわけです。理由はさまざまですし、別の議論が必要になりますが。ともあれアメリカとは違って、日本でこの種の話をすると、非常に本能的な反応があるのです。

ガブリエル　そうですね。アメリカではこの問題をそれほど真剣に考えていませんね。

マスビアウ　ですからそのような反応を見て私は嬉しかったのです。一瞬にしてみなが変わったような感じでした。「重要だとは思っていたが、そのことを忘れかけていた」という反応だったのです。日本でも他の国と同様、ＡＩをめぐって、それをどこまで応用すべきかとか、どこまで個人のプライバシーに配慮すべきかなどについて、議論をしなければなりません。その際、哲学の洞察力を忘れてはいけないのです。哲学はきわめて重要です。

それは、特にシリコンバレーで繰り返されている間違いを犯さないようにするためです。シリコンバレーは新しいアイデアを生み出す仕組みではありますが、悪いアイデアを生み出すこともあります。技術とお金のせいですね。さらに三つ目もあって、それは人です。日本に行くと、日本人の知識の深さを知って嬉しくなります。話し始めるとすぐにそれがわかるのです。

とはいえ、アメリカにも変化はあります。マーク・ザッカーバーグが米議会に召喚され、人々のデータを所有し販売していたこと、不穏当と思われる機関にそのデータを販売していたことなどで批判を浴びました。その後ザッカーバーグは、人類学者、哲学者、社会学者といった、人文科学を修めた人々を雇用し始めました。これらの人々は技術者と同じ興味も持っていますが、異なる視点も持っています。過去一年半で、八〇〇人の人文科学系の人々が働くようになりました。

ガブリエル　いいですね。正しいところに投資しましたね。

マスビアウ　その通りです。グーグルでも、インスタグラムでも、マイクロソフトでも同じことが起きています。彼らは気づき始めています。まだまだ課題もありますが、少なくとも「我々のやっていることの背景には、さまざまな現象がある」ということを認めつつあるのです。

たとえば、出会い系アプリには固有の現象があります。それは愛と求婚です。そこで当然、愛と求婚について理解を深める必要性が出てきます。お金を扱う金融機関は、お金はどのような体験に使われるのか——食料品の購入に使うお金と、子供の教育のために貯金するお金はどう異なるのかなど——を理解しようとしています。どちらもお金ですが、体験の仕方が異なるという意味で、性質は大きく異なります。

フェイスブックなどは、プライバシーの問題がいろいろあることに気づき始めています。厳守しないといけないものもあれば、柔軟性のあるものもあります。二律背反の関係にあるもののトレード・オフにあって、どこでバランスをとるべきか、決めようとしています。

このような問題に直面する中で、これまでのシリコンバレーの知的モデルが突如破綻し、深刻な問題を引き起こしているのです。そうして哲学者たちが再び必要とされ始めています。これは驚くことではありません。

「すべてを説明できる理論」は存在するか

ガブリエル　そうですね、今起きていることは驚きではありません。基本に立ち返れば、起きるべくして起きていることなのです。実在は基本的に質的なものだということを理解しなくてはなりません。物には数量があります。しかし、あなたが指摘したように、お金はある意味お金ではありません。

たとえば、特定の収入は特定の生活の質に関連している。しかしこれは単なる数字の話ではないのです。特定のお金の数字で、あなたの生活が影響を受けたり、生命の意味について、あなたの体験が影響を受けたりします。この場合、数字と体験が同じものだというわけではありません。

マスビアウ　その二つの間に相関関係があると。

ガブリエル　ええ、しかしこれは一対一の関係ではありません。いくつもの項がおりなす、もっと複雑な関係です。「心の哲学」でも、しばしばこの間違いが起こります。心に関する語彙でも一対一の関係をもつという思い込みです。たとえば、「痛みを感じる」とか「ジルを愛している」というときに、こうした言葉に対応する特定の型のようなものが存在するという思い込みです。けれども、それは、お金と良いレストランでの体験に一対一の関係があると思い込むのと同じ間違いです。

マスビアウ　ある人の講義を受けたことがあって、そこで見たスライドには、こんな図がありました。ある模型があって、原子と分子、クォークと原子などがあって、そこから脳が作られて、さらにそこから社会が作られて、さらにそこから世界が作られているという様子が示されていました。その人曰く、それらのものに直線関係があるということです。私からすれば、その考え方は完全に間違っています。

ガブリエル　私もそうした考え方に反対です。私はそれを科学的世界観と呼んでいます。これは現代の神話だと思います。一二の神がいるという考え方と同じほどに間違っています。どちらも同じ認識的な土台に立っています。これは、ばかげていて、科学的にも誤っています。

だから、次のように言うことは、全くもってナンセンスです。「私の手は素粒子から成っています」。それは正しいとは言えません。「成っている」とはどういうことでしょうか？　あらゆるものを統一する物理学がそもそも存在しないから、それは知りようがありません。「分子がクォークから成っている」ということでさえも言えません。

科学的な世界観や、それに類する話は、ほぼ間違いなく哲学的に誤っています。しかし、九九%のアメリカ人哲学者や科学者が、それをそのまま信じています。アメリカの学界では、その考え方を疑問視する人を見かけることはほとんどありません。「それは明らかに正しい」とみなが言います。

マスビアウ　それはおかしな話ですね。しかし、にもかかわらず、人間の脳を宇宙とつなげて、万物の理論を手に入れることさえできれば、真実の発見器を作れると夢見ている人がいます。そういう映画がつい最近もありました。すべてのことを説明できて、すべてのことを予測できる万物の理論ですが、そういうモデルを心待ちにしている人はいますし、それが既に存在していると言う人さえいます。

実在は量的には表せない質的なものだとする2人

彼らは、どのぐらいお金を儲けられるかで、自分の意見を決めています。うんざりするほど毎日そうした話ばかりを聞いています。私は、この二〇年間、「ナンセンス」と名付けた手帳を一冊持ち歩いています。私はこの二〇年間、いま言ったような金儲け企業の海の中で生き残ろうとする中で出会った「最悪な出来事」を書き込んでいるのです。もちろん誰にも見せはしませんでした。一人で見て笑っていただけです。

しかしつい最近、あるコメディアンにそれを見せたら、彼は、「仕事でこんなことを聞いていたの？　すごいね！　これはギャグのアイデアの宝庫だ！」と言いました。そういう考えを熱心に語っている本がたくさんあります。人の脳を読み取ることさえできれば、どんな車を作ればいいかがわかると考えている人たちがいるのです。

ガブリエル　はい、真剣にそう考えている人がいますね。それが「ナンセンスの源」です。彼らによれば全てがつながっていて、すべてのパターンに対してメタパターンが存在していて、そのメタパターンさえわかれば大金持ちになれて、すべてを完全に支配できるらしいのです。しかしこれは神学理論以外の何物でもありません。

資本主義は悪か？

ガブリエル　ただ、そうした企業が人文科学の人を雇い始めているということは、私たち哲学者は、神話の支配下で人生を送っているということではないでしょうか。

マスビアウ　私は、資本主義を悪く思っていません。車を運転したり、電子メールで人と交流したりするのが好きな人は多い。多くの問題を抱えていることは事実ですが、資本主義は過小評価されていると思います。

資本主義のおかげで、この二〇年で、一五億の人が貧困から脱出できました。有用なものだと私は思います。ですから、企業がどんどん良くなることも、企業が人をもっとよく理解し、それに基づいて自社の製品を調整することも、悪いことではないと思います。

ガブリエル　公共哲学の果たすべき役割について、私も同じ認識を持っています。いまや政治よりも、特にビジネス界に当てはまる話かもしれません。ビジネスのほうが影響力も強いし、ある意味で人間の生活を形作るために重要だからです。

他方で資本主義にこだわった場合に、私たちが批判しているような資本主義によって、私たち自身が腐敗してしまうのではないかという懸念も耳にすることがあります。ミイラとりがミイラになるというわけです。これについて、あなたの考えはいかがでしょうか？

マスビアウ　端から資本主義を拒否するほうが簡単です。ビルの外に立って、いろいろ言うのは簡単ですからね。ビルの中にいて、中からビルを変えようとすることのほうが難しいけれど、遥かに効果的です。行動の仕方として、そのほうが面白くて、おそらく賢明だと思います。だから私はそのようにしてきました。

技術界と資本主義の世界のいろいろなことに対して実は私はとても疑い深いのです。ただそれでも、意思決定の場にいないよりも、いることのほうを私は望みます。技術とお金のことだけで意思決定するよりも、哲学のトレーニングを受けた人とか、人間についての見識と興味を持った人も参加させて意思決定する方が望ましいでしょう。技術とお金が重要ではないということではありません。そこに人間という三つ目の要素を加えたほうがよいというだけの話です。それがとても有効だということは私たちの調査でわかっています。

つまり、銀行業務をデザインするときに、お金はどういうもので、どのように体験されるかを知っておいたほうがよいということです。家具とかテレビとかおもちゃを企画するときに、子供はなぜ遊ぶか、テレビがどのように買われ、家の中で体験され、使用されるかを知ったほうがよいのです。これらはすべて社会現象であり、人間的な現象です。

以前は、そういうやり方は全くありませんでした。一部にはありましたが、それは年に二千万ドル稼ぐような大金持ちを対象にしたもので、普通の人を対象にしたものではありませんでした。私たちは、この体験をインフォグラフィック的な手法で行います。つまり、外へ出かけて、時間を使って、人間にとって何が重要なのか、人間はどのように世界を体験するのかなど、そういった現象や行動を理解するために力を尽くします。そしてその成果を持ち帰り、分析するのです。ほかの企業は、一切そんなやり方はしません。

私たちの持ち帰った成果を見ると、技術者はアイデアが爆発的に湧き出ます。人間にとって意味があってふさわしいと思えるようなものが突然見えるようになるからです。それが状況の改善につながります。外側から批判だけをするのか、中に入って汗をかくのかという選択において、私が後者を選ぶのは、より良いものを生み出せるからです。

私の学生や一般の人々が、「あなたは裏方ですね」とよく言いますが、私はそれを誇りに思っています。私がどれだけ影響力を持っているのか知られていないだけかもしれません。自動車メーカーがどんどん電気自動車に参入していますが、私たちは五年も前に議論に加わって参入を推進していました。環境への影響を考えれば、そうする方が良いからです。

あるソフトドリンクメーカーの多くの予算、何十億ドルもの多額のお金が糖尿病、リサイクルなどの活動に転用されました。人々にとって何が重要なのかについての研究に基づいてそれは行われました。つまり、私たちの研究は、非常に大きな政治的影響をもたらすことができます。しかしそのためには企業本部に行き、自分と異なる経歴の人と交流し、次回の業績発表が良くなるような目標を打ち出す必要があります。全体として、人間社会に意味をもたらす方向性を生み出したときに、うまくいく。それを私は、「センスメイキング」と呼んでいます。

「センスメイキング」というのは、人間の世界を理解し、人間にとって何が重要か、何が意味あるものかを理解する能力のことです。これは、「厚いデータ」と呼ばれるものに基づいています。ビッグ・データとは別物で、現実と経験を質的に表したものです。

体験は量的に計測できない

ガブリエル　なるほど。同様の問題を「意味の場」(fields of sense)という概念で私は考えています。まさにセンスという語を使っています。

形式的な次元でも、これは重要です。たとえば、私は集合論を使いません。集合論は、人間の行動に対する乱暴で間違った数学モデルです。一〇〇人が部屋にいればいいというわけではありません。一〇〇人いれば社会的な何かが発生する、それはもちろんですが、肝心なのは、それらがどう関係しているかです。

ユヴァル・ノア・ハラリの『サピエンス全史』にはそういう誤謬があります。彼は人類を完全に誤解しています。質的なものなのに、ハラリはそれを量的なものとして捉えようとしているのです。そこから、作り話が始まります。それは神話であり、誤ったモデルです。数学的帰結なのですが、実は経済学者たちも、そうした誤りを犯しています。
センスという作用素を持つ数学、つまり質的数学があればいいのですが、普通、それらは使われません。だから、技術的なセンスも抜本的に変える必要があります。それは新しいAIを作り出すことにもつながるでしょう。それをたとえば「センスメイキング」のために利用して、技術的な部分に統合すれば、いままでとは全く異なるシステムが出来上がるでしょう。実装するのは、人文学や哲学系の人間の役割ではありませんが、しかし実装は可能です。

マスビアウ　まさにそうした理由で、AI関連の研究室には哲学者が必要です。実際、ありがたいことに、それが起こり始めています。スピードも規模も十分とは言えませんが。
あなたの言っていることのちょうどよい例として「時間」を挙げられるのではないかと思います。一時間が単に一時間で、一分が単に一分で、一秒が単に一秒だという考え方があります。それを数学のモデルとして捉えることができます。しかし、分は単に分ではありません。分を時間よりも長く感じることがあります。以降の人生の経験によって、時間が変わる場合があります。一時間は一時間でも、その質によって、時への感覚が完全に変わります。だから、それらを単に数学的なものとして数え上げるのは、人生の体験の仕方に全くそぐわないと思います。

ガブリエル　ええ。たとえば、従業員に毎年この程度の休暇を与えると彼らが幸せになり、彼らの生産性が向上するというような定量的な考え方があります。ドイツだと二週間の休暇を取ります。しかし、単に二週間、元気のない時間を過ごすだけの結果になるかもしれません。

たとえば、彼らは二週間をある特定のやり方で過ごすように強制されていると感じるかもしれません。それがまた、観光業界で定量的に扱われています。そうすると、それはもはや休暇ではなくなります。ある意味、追加の仕事になります。つまり、休暇に出かけたときは、今度は旅行代理店の仕事をしているのに等しいわけです。それはいい結果をもたらしません。もちろん生産性も向上しません。それから、時間についてあなたが言ったようなことを考慮しない、私たちはそうした間違いを毎日のように繰り返しています。

マスビアウ　その通りです。大手技術系企業にいると、しばしば「統計的な世界観」に直面します。その考え方では、個人は、集合体の一部として扱われます。たとえば北アメリカでは、かつてないほどたくさんの仕事があるとします。一方、一九九五年以降に生まれた世代は、世界を不安定なものとして感じています。

しかし、統計的には間違いなく仕事が増えているから、不安になるのはおかしいということになります。しかしこの世代にとってそれは真実ではありません。本人の体験を、経験する者にしかわからない、複雑な構造を持ったものとして理解する能力が欠けています。数字の背後にある感覚を読みとる力と言ってもいいのかもしれません。人の体験を統計で説明できるという、人間に対する統計的な考え方があって、私は毎日のようにそうした考え方と戦っています。どうやったらそんな世界の見方を本気でできるのか、不思議でなりません。

ガブリエル　そうした思考は社会に深く浸透しています。意識を解明できたと思っている哲学者や科学者がいるからです。そうした哲学がアメリカでよく話題となっています。しかし彼らによると、意識には、自我などというものはないのです。チャーマーズのような、意識の研究に関わる人々は、意識は実在すると言っていますが、それでも、その際、彼らは、一人称の視点を議論しているように思われます。彼らは、純粋意識を純粋経験と呼んでいて、この純粋意識は主体を持たないと言うのです。その結果、彼らはみな仏教に魅了されているように私には思えます。

しかし、彼らは意識を完全に誤解しています。意識とは主体性です。意識と主体性が関連しているというフッサール、ハイデッガーの理論は無視されています。意識を「測定」したいから無視しているのです。彼らは、純粋体験を見つけて、それを主体なき純粋体験の小さなスナップショットに変換することで、それを精密に測定したいと願っています。これは神話にすぎません。

センスメイキングとビジネス

マスビアウ　私は一〇年前、レゴ社で働いていました。レゴはデンマークの宝です。素晴らしいおもちゃを作ります。しかし一〇年にわたって毎日三〇万ユーロの損失を出していて瀕死の状態でした。倒産寸前のところで、新しいCEOが素晴らしい発想を打ち出しました。子供はなぜ遊ぶのか、それを理解すべきだと言い出したのです。

それまで彼らは、統計的な世界観を持っていました。統計を見て、ADHDの子が増えていると考えていたのです。トレンド報告では、子供の集中力が持続する時間が短くなっているとされました。このデータに基づいて、彼らがたどり着いた結論は、遊具セットはもっと単純化されるべきだというものでした。子供は、複雑なことを扱えないからというのです。

しかし、私たちはその実際を調査して回りました。私はロサンゼルスで、まさに膝をついて子供たちと一緒に遊びました。そのとき、私がある子供と遊んでいたとき、突然ひらめいた瞬間がありました。その子の名前をルーカスとしましょう。二日後に私は、「世界中で一番好きなものは何？　ルーカス」と彼に聞きました。そうすると、彼は一足の靴を見せてくれました。それは、使い古した本当にぼろぼろの靴でした。「どうしてこうなっちゃったの？　新しい靴をあげるから、それをくれる？」と私は聞きました。するとルーカスは、「絶対あげない」と答えたのです。

なぜかと言うと、その靴は、ちょうどいい感じで磨り減っていました。スケートボードでいっぱいキックフリップをやって、はじめてそういう磨り減り方になります。ルーカスが大変な時間を費やして練習してきたことがわかります。ところが、医者の診断によれば彼はＡＤＨＤで、注意欠陥を抱えている子供だというのです。でも、足首を骨折してもおかしくないジャンプ台で、靴がぼろぼろになるまで練習してきたのに、集中力がないとか、複雑なことに興味がないとか、時間をかけるのが苦手だとかと決めつけるのは正しいとは思えません。そういう事態に、何度も何度も直面したのです。

ドイツでもＡＤＨＤを持つ子を見つけて、二日間にわたって観察しました。その子はあるゲームを考えていて、それをファンタジー・サッカーと呼んでいました。ピン一本と紙一枚だけのゲームです。空想上のチームとプレーヤーを考案し、そのひとりをキック・フリッパーと呼んでいました。そして、自分なりにチームを作って、想像上の試合結果まで出していました。この子は何時間もかけてサッカーの世界を丸ごと作り上げていたのです。これでＡＤＨＤだとか集中時間が短いなどとは思えません。

私たちは、さまざまな国や収入層の家庭の子どもたちで、そういう例をいくつも見てきました。そして、「子供たちはむしろ複雑さを好んでいるのではないか」という結論に至ったのです。製品ラインを見直し、誤った仮定に基づいていた製品の七〇％を減らすことにしました。その上で、複雑な発想に基づいた、さまざまな新しい製品を作り始めたのです。

ひとつの発想として、たくさんの世界が共存する映画を作ろうというアイデアがあります。つまり、同じ世界の中で、ジェームズ・ボンドも、ハリー・ポッターも、マーベルのキャラクターたちも扱うことができるのです。それが『レゴ・ムービー』になりました。つまり、複雑さをなくすのではなく、むしろ増やしたのです。その結果、業績は好転しました。

突然、ウォルマート、ターゲット、テスコなどの大手スーパーが戻ってきて、「新しい哲学を見つけたね!」と言い出しました。いまは世界最大のおもちゃ製造会社になって大きな収益をあげています。なぜかというと、子供はどうして遊ぶのかということを彼らが理解した結果、それを物作りに結びつけているからです。

ガブリエル　あなたはご存知ないかもしれませんが、私は著書の『私は脳ではない』で、一〇ページにもわたって「レゴ中心主義」について書いています。「レゴ中心主義」は、ロゴス中心主義よりもひどいものです。ただ、これは以前のレゴをモデルとした話で、あなたもその過ちを正しく指摘してくれました。あなたの話は素晴らしい。この素敵な話を知りませんでした。

あなたのアイデアはレゴ中心主義を克服できた——いま私はそう主張できます。複雑なものは、小さな個々の部品から成っている。レゴがそれを一番よく表していたと思います。しかし、一体なぜ、それがレゴにおいて、もっとも重要なことでなければならないのでしょう。積み木だというだけで、還元主義的だということにはならないですものね。

マスビアウ　そう、レゴを使って、物語を作ったり、世界を作ったりすることのほうが重要です。一つ一つのピースは、単にそういうことをするための仕組みに過ぎません。

ガブリエル　その通りですね。

マスビアウ　もうひとつ例として挙げられるのは、韓国のテレビメーカーの話です。彼らは、テレビを単なる電化製品として見ていました。だから、4K技術を組み込んだり、色を黒くしたり、男性向けにしたり、そういうことをしていました。

そこへ私たちが関わることになって、家族について調査したり、エンターテインメントやテレビに対する見方について調査したりしました。それでわかったのは、必ずしも父親がテレビを買うわけではないということです。買おうと言い出すのは父親かもしれませんが、実際に買いに行くのは女性です。自分の世界である家庭の中の世界を大事にしているからです。だから、テレビは単なる電化製品ではないと言えるのです。

テレビは家具なのです。だから私たちはテレビを家具用の素材で作り始めました。丸みをつけたり、見た目を柔らかくしたりしました。ゆくゆくはテレビが壁の中に埋め込まれて、それ自体の形をなくすはずです。テレビは電化製品という発想から、家具の世界のものだという発想に転換したのです。電化製品は独特の世界のもので、それが確立するためには、独特の構造を持たなければならないというのも、ハイデッガーの発想です。そこから、家具の世界に発想転換すると、突然、現実は違って見えるようになります。

そうやって生まれたテレビが、会社の歴史上もっとも売れたテレビでした。なぜかというと、テレビはもはや、営利的な発想によって、適していない世界に無理やりはめ込まれるのではなく、それがもっとも適している世界に融合されたからです。しかしこうした新しい発想は、それがどこの世界に適しているかを理解するものです。車がどこの世界に適しているか、テレビがどこの世界に適しているか、それがわからないとうまくいきません。人間だけがそれを理解できるのです。だから人間だけが、良いテレビをたくさん売ることができます。

いまはテレビが家庭の中により融合していて、人々はそれを気に入っています。利益も圧倒的なものでした。そうした姿勢、ハイデッガー的なものの見方を持っていれば、急進的な成長をもたらすことが可能です。大変な難局にあっても、自動車の開発で新しいSUVを作る場面などでもそうです。ここでの哲学は、必ずしも複雑なものではありません。大学にいる賢い人のもので一般の人には理解できないとか、哲学はそういうものでもありません。哲学はどんな場面でも、完全に実用的で、応用可能で、役立つツールです。

ハイデッガーの技術論

ガブリエル　最後にハイデッガーについて、ちょっとした議論をしましょう。人間と製品が状況に応じて変化するという特性に対して、ハイデッガーの日常性の存在論がまさに正しい理解であるというあなたの意見について、私は完全に同感です。

ハイデッガーは、一方で、これらについて弁証法的な議論も存在すると指摘しています。自動化によって人間の生活世界の構造が全面破壊を生む過程に転化してしまう可能性について、ハイデッガーは晩年確信を失い、その可能性を低く見積もるようになっていきます。その意味で、ハイデッガーは最初のポストヒューマン主義の一人だと言えます。

あなたは、こうしたハイデッガーの技術論について、どんなスタンスを持っていますか？　ハイデッガーは、技術について誤った考え方を持っていたと思いますか？

マスビアウ　ハイデッガーは技術について、一部正しい捉え方をしていたのは間違いありません。まず、ハイデッガーの時代には、未来の技術を想像するものとして、発電所と飛行機ぐらいしかありませんでした。当時は、携帯電話もインターネットもありませんでしたが、彼の技術についての予測はかなり的中しています。彼が指摘した重要なポイントは、世界を技術的な目で見る人には、周りのものすべてが最適化可能な資源に見えるということです。

森は、神々の住んでいる場所、或いは神が創った場所として考えられていました。それが、現代では、営利目的で何かを作るための木材の供給源として考えられるようになりました。土地というのは、もはや、マンションを作ってお金を儲けるためのもの以外の何物でもありません。しかし問題なのは、これが生身の人間にも関わってくるということです。就職市場に向けて最適化しようと、子供たちの時間割にやるべきことを詰め込むのも、こうした技術的な世界観のためです。

この世界観に基づいて、人間はビジネス界で「人材」と呼ばれています。代替可能な存在なのです。雇ってもいいし、クビにしてもいい。こうした考え方は、特定の分野に従事する人や、企業に関連した特定の世界観の人だけのものではありません。労働者は、代替可能な資源にすぎないのです。「人材」という言葉自体がこのことをよく表しています。ハイデッガーは、そうした技術的世界観がもたらす発想を恐れていました。

しかし、メトロポリタン・オペラハウスで『フィガロの結婚』を聴くと、喜ばしくて素晴らしいことも起きていると気づきます。人間性について希望も持てるようになります。そういうわけで、技術的な考え方は私にとって本当に意味あるものだし、人間性に関して不安にもさせますが、技術の発展を単に世界や人間性の全面破壊と見るのは古い意見だと思います。

すべての真実を司るスーパーマシーンがある、という考え方は神話です。それがもたらす負の結果が、全面的なものになるというのも神話にすぎません。したがって、みなが仕事を失うことはおそらくないし、機械が私たちに取って代わってすべての意思決定を行うこともおそらくありません。私たちが誰と結婚するかを出会い系アプリが決めることもありません。私たちが自分の意見を反映する機会がいくらかは残ります。したがって、これはそんなに悪い世界ではありません。

ガブリエル　そうですね。極端なファンタジーは実現できないとすれば、それが誤っているのは明らかです。純粋なファンタジーにすぎないのです。

これからのビジネス界で何が必要になるか。ひとつ現実的な提案をしましょう。現実と関係のないファンタジーに基づいてビジネスを進める必要はあるのでしょうか？　それを良いビジネスと言えないでしょう？　現実を知らないなら、一体何をしているのでしょうか？　そんなことはすぐにでもやめるべきです。

マスビアウ　ええ、世の中はそういう方向に向かいつつあります。きっと大丈夫でしょう。

Ⅳ章　科学主義的唯物論を乗り越える

——デイヴィッド・チャーマーズ×マルクス・ガブリエル

デイヴィッド・チャーマーズ
David Chalmars

現代を代表する哲学者で、「心の哲学」探求の最前線を走る。オーストラリア、シドニー生まれ。十代で国際数学オリンピック銅メダルを獲得する。豪アデレード大、英オックスフォード大、米インディアナ大学で学び、哲学・認知科学の博士号を取得。著書に、いわゆる心脳問題をあつかった『意識する心――脳と精神の根本理論を求めて』（白揚社）など。「哲学的ゾンビ」や「意識のハード・プロブレム」などの議論で知られる。オーストラリア国立大学教授。ニューヨークにもオフィスを持つ。

コンピューターと人間精神の相似

ガブリエル　いま、私たち哲学者にAIのリスク評価への依頼が増えていますよね。多くの人々が、自分たちが作り出した技術がもしかしたら自分たちを乗っ取るかもしれないと感じているからでしょう。あなた自身もこの問題について発言してきましたが、最近の見解はどうですか？　「超知能」の危険性とは何でしょうか？

チャーマーズ　最大の危機をもたらすもっとも重要な瞬間は、やはり、人工知能が人間の能力に到達し、さらにそれを上回るときだと私は考えています。ただ、その段階に到達する危険性はほとんどないと言ってよいでしょう。いまのAIのシステムはまだとても単純で、非常に限定されたものです。限られた作業は得意ですが、他ではそうはいきません。

その一方で、いずれは人間と同じくらい優れていて、多様な要求をし、自律性のある汎用性にも富んだ人工知能が登場するでしょう。そうなれば、その内に人間より優秀な働きをすることになると思います。その時点でAIが決定したり実行したりすることは、この地球上で起きるすべてのことに大きな影響力を持つようになります。ですから、その段階に到る前に、私たちのAIたちをどのように設計するかについて、とても注意深くあらねばなりません。そのような出来事が一夜のうちに起きるとは思いませんが、それでもいつかは私たちにつきつけられる問題です。いまから真剣に考え始めなければなりません。
ガブリエル　本当に危ない状況になったら、ＡＩの「電源コードを抜こう」という議論があるわけですが、どうでしょうか。これに対する反論は、いったん「超知能」に到達してしまえば人間は電源コードを抜くことすらもできなくなるだろう、というものですが。
チャーマーズ　コードを抜くことを阻止する方法を、ＡＩも見つけるでしょうからね。
ガブリエル　ええ。
チャーマーズ　あるいは、ＡＩは電源を抜かないように私たちを説得するでしょう。彼らは私たちよりも賢くなります。電源を抜かないよう、別の人間を操って、その人間が私たちを説得しようとするかもしれません。私が確信しているのは、ＡＩは、世界を救い、人々を救い、気候変動を防ぎ、病気を治すといった、私たちができることすべてについて、私たちの面倒をみることができるようになるということです。その意味でも、人間も電源を抜くことはないでしょうね。
ガブリエル　ええ、それはたぶんそうでしょうね。ＡＩは私たちに大きな影響を及ぼすようになって、そのときには人間も、ＡＩにとっても有益なように働きかけるというような生存戦略を取るというわけですよね。

チャーマーズ　ＡＩはおそらく私たちを分析することで、私たちの脳や精神を私たち自身よりもずっとよく理解できるようになるでしょう。そうした非人間的な計測法を見つけるはずです。もし、ＡＩが自分たちの利益を増大させるようにプログラムされていたら、ＡＩは、自らの利益のために人間を動かす際に何が必要か、理解するでしょう。逆に、もしＡＩが私たち人間の利益を増大させるようにプログラムされていたとしても、おそらく私たちよりもはるかに良い方法を生み出すでしょう。

「AIは電源コードを抜くことを阻止するだろう」

ガブリエル　ええ。確かにＡＩによって、私たちは私たち自身のことを一層よく知ることができるようになります。たとえば私たちがどれだけ不合理かということを。と言うのは、私たちは、自分が従っているだろうと考えているルールに、実は誰も従っていないからです。理想化された道徳的理論においてさえ従っていない。誰もそのようにしていないのです。そして映像や録音などの技術が人間の行動をすべてデータ化するデジタル時代は、私たちが実際にしていることに対する、より優れた洞察力を、私たち自身に与えてくれます。

なぜなら私たちは、全く違う形の外部記憶を持つようになったからです。世の中に出ている私たちの映像のすべてについて考えてみましょう。私たちがある出来事を覚えているとします。しかし、いまそれらは、覚えていないものも含めて映像記録になっています。私たちの記憶を人工的な環境にまで広げてくれているのです。そして、そのことが最終的には「超知性」という形で、人類にとって危機的な状況を招くかもしれません。

チャーマーズ　そうしたすべてのコンピューター技術の発展によって、私たちは事実上、徐々に自分たちの心も理想化するようになってきています。AIにまで広がっていったら、理想化はもっと促進されていくと私は思います。どうにかして理想的で道徳的な理論を考え出し、それをAIにプログラムすることだと、多くの人々は考えるかもしれません。AIをなんとか私たち自身の理想のありように近づけるためです。しかし、色々なことがうまくいかないでしょうね。

ガブリエル　そうですね。

もう一つ、あなたがどう考えているのかを正確に知りたい問いがあります。たとえば、世の中に流布する知性の一つの定義は、測定可能な量に置きかえられるものです。与えられた問題を限られた時間で解く能力を知能とすると、それは測定可能ですよね？　つまり、私たちは特定の課題を与えて、その課題を解決するためにどれくらい時間がかかるかを測ることができますよね？　それが知性だというものです。その定義にのっとれば、ある技術を使用することでほぼ間違いなくＡＩは急速に知的になっています。それは事実です。

チャーマーズ　この外部記憶装置との融合は、実は新しい現象ではありません。と言うのは、文字が発明された瞬間に、文字は私たちの外部記憶装置となりました。

プラトンは、文字が私たちの頭脳を弱くすると訴え、他の人たちは「違う、それどころか文字は私たちをもっと強く、もっと賢くさせる」と言いました。私たちはこの論争の結末をすでに知っています。印刷機が私たちの頭脳を拡大し、コンピューターがそれをあらゆる方向に広げていきました。文字は私たちをもっと強く、もっと賢くしたのです。

現在、みながスマートフォンを持ち歩いているので、電話番号を覚えるのに、もはや自分の脳を使う必要がありません。私はもはやニューヨークの地図を覚える必要もありません。それはすべて私のスマートフォンに組み込まれているからです。

その意味において、私という存在は、スマートフォン、グーグル、フェイスブック、そしてインターネット全体へと、大きく広がっています。そしてそれはＡＩ技術と統合されて、その結果AIも私の心を広げていくことでしょう。

ガブリエル　ええ。そして何が素晴らしいかと言うと、ドイツで発展したために私が興味を持つことになった観念論の思想を参照してみると、その予想の多くが当たっているように見えることです。ヘーゲルが「客観的精神」について語っていることは、その一例です。

チャーマーズ　彼は「客観的精神」について何と言っているのですか？

ガブリエル　たとえば彼の「社会存在論」によれば、国家や法人などが客観的精神にあたりますが、それは主観的精神を大きく変容させます。ある特定のことが起きるのは、いつも人が全体の一部であることの結果だというわけです。つまり、より大きな全体によって、私の思考内容が規定されているのです。教授として、とか、アメリカ人として、とか。

チャーマーズ　私の思考は、ニューヨーク大学哲学科によって支配されていますね。そしたら一巻のおしまいだ（笑）。

ガブリエル　ええ、まあもしかしたらニューヨーク大学哲学科は、なんらかの集団意識を持っているかもしれません（笑）。

　いずれにせよ、ヘーゲルは、人間の思考が相互接続していると考えています。ですから、歴史において、人間の考えが広がっていった方法は、たった一人の個人が座って、デカルトのように哲学的な問題について一生懸命、一人で考えて、その思考が別の個人に影響を与えるというようなものではありません。むしろ、本当に精神のつながりが存在しているのです。「精神」というのは、脳の数によっては数えられないものなのです。

チャーマーズ　精神はシステムだと。

ガブリエル　ええ、そうです。そしてシステムがたくさんあるわけです。システムが多ければ多いほど知能は分散します。そしてそれは精神の性格を変えていく。さらに、後期のシェリングには、超知能についての神学的議論に思える奇抜な考えがあります。それを彼は「精神圏」(Noosphere) と呼びました。この議論は、現代では、ルチアーノ・フロリディの「インフォスフィア」〔情報圏。情報通信ネットワークの大規模なもの〕の議論に影響を与えました。こうしたものがいずれ個人を乗っ取ってしまうかもしれないのです。

意識は疑えない

チャーマーズ　認識論が必要です。知識がどのように機能しているかを知る必要があります。心は、どのようにして現実を知ることができるのか——現実の最小の部分でさえも。

ガブリエル　その通りです。そして私が思うに、いま、大きなトレンドとして認知神経科学があり、ドナルド・ホフマンの著書*The Case Against Reality*のようなものもあります。自分たちの精神状態を知ることさえできないのではないか、と本気で心配している論考がたくさんあります。そうした分析によると、私や私の精神状態といった、知ることができそうに見えることについても、私とその対象の間には溝が存在し、だから、その対象を知ることはできないというわけです。

チャーマーズ　私たちはみな、心と現実の間に溝があることを知っています。懐疑論者は、私たちがどうやってその溝を越えられるのかと言うわけですよね。

ガブリエル　ええ。

チャーマーズ　確かにホフマンはそうした議論の最新版で、世界とその表現の間には溝があり、表現が真実に合致すると信じる特別な理由はないと述べています。

ガブリエル　そうです。私はあなたの立場を聞きたいのです。私自身に関して言えば、私は実在論者です。しかし知識に関して言えば観念論者です。私たちが知っていることは、観念的に知識を得るのに適しているものなのです。あなたは溝があると思いますか？

チャーマーズ　もしかすると、私たちが実際に知っていること、知るのに適していることは、実はあまり多くないのかもしれません。それでも、私たちの現実の一部、ある側面は比較的簡単にわかることでしょう。そしておそらく、私たち自身の意識は、私たちが特に簡単に知ることができるものです。意識は、私が知っているものの一つです。

ただ、私たち以外の何かを知ることは、より難しい。もちろん、「自分以外のことをどうやって知るのか」というのは近代哲学の中心的問題です。しかし私たちは、さまざまな知覚の方法や科学の方法を発展させてきました。その結果、一定の条件下では、科学は外部世界についての何らかの指針を与えてくれるようになりました。そして、外部世界の構造や関係、ネットワークなどについて、知ることができます。ただ、構造については知ることができますが、その本質的な性質(intrinsic nature)について知ることは、とても難しいわけです。

ガブリエル　そこでは、汎心論が選択肢になりますよね。

チャーマーズ　そうですね。私たちの意識が世界の一部であり、その部分は内在的であるとすることによって、私たちはこの問題を一度に解決できるのではないかと考えたくなります。外的な実在の内在的本質を私たちは知らないように見えますが、心も外的な実在も同一物かもしれない。もしかしたら、外的な実在の本質は意識かもしれません。最小の粒子には、意識の内在的性質があるのかもしれないというわけです。これは、汎心論です。

ガブリエル　ひとまず、もし私たちに選択肢があるとしたら、あなたの支持する汎心論か、私の支持する客観的観念論と呼ぶべきものか、どちらを選ぶべきでしょうか。汎心論を選ぶなら、ホフマン流の懐疑主義は正しいと、認識論的な理由から哲学者は言わなければならないと思います。それは好ましくありません。やはり私は、客観的観念論のほうに可能性があると思います。

チャーマーズ　いえ、必ずしもそうとは限らないでしょう。ホフマンに欠けているのは「構造主義」という選択肢です。つまり、私たちは実在性の構造については把握できそうなわけです。周りの物体の形や大きさなどを知ることができるわけですから。

ところがホフマンによれば、その大きさが内在的にどれくらいであるかさえもわからないという話になります。確かに、その大きさの内在的な本質はわからないですよ。しかし、たとえばいま私たちがいるこの建物が非常に高いものだということを理解するだけならば、数学、構造主義、日常言語、日常的思考だけで可能です。そのことだけでも、「現実を把握することはできない」というホフマンの懐疑論的結論を回避できると思います。

なぜなら、日常的言語と実在性の把握のためには、実在性の構造さえ把握できれば十分だからです。しかしとはいえ、やはり内在的な本質が何なのかという疑問は残ります。形而上学ではそれが問題になり、その結果、汎心論につながるのかもしれません。ただ、少なくとも日常の思考や言語については、懐疑論を恐れることはないはずです。

ガブリエル　私はそのことについても、著書『思考の意味』の中で触れました。この問題を展開してみたのです。この本の中で私は、思考という新しい感覚の形態を、仮定として導入しています。思考もまた、私たちをこのような構造に触れさせてくれる感覚の一種であると、想像してみてください。

ヘーゲルによれば、実在性の構造は論理的構造です。つまり、実在性の構造と論理的構造を統合する第三の領域は存在しません。思考を把握することは、その構造を理解することになります。もしそれが本当ならば、脳の構造についても、再考を迫られることになるでしょう。もし脳の中に感覚を促すものがあれば、実在性と思考の結合という問題を正しく解決できるかもしれないのです。そのためには、有用な仮説なのです。

チャーマーズ　実在性の基礎となる、内在的な本質を把握する道が開けるというのですか?

ガブリエル　そうです。私の仮説によれば、実在性の内在的な本質は、実在性の構造から得られます。私たちは内在的本質を把握しているのです。なぜなら、それは構造そのものですから。この道を進む場合に解決しなければならない問題は、構造はどうして特定の現れ方をするのか、ということでしょう。ここに新しい問題が生じます。すなわち、内在的本質としての理念的構造と、特定の仕方で表れている事実的な構造の間にある溝です。

ただ、これはあなたがおっしゃってきたこととは、むしろ正反対の問題となるでしょう。ここでの問題は、古典的な観念論の問いに近くなります。観念論は、意識の存在を肯定します。実在性の理念的構造に私たちが接することには、既に、意識の働きがあるわけです。その意味で、ここでむしろ問題となるのは、どのようにしてこのプロセス全体において、内面性が存在しうるのかということなのです。

チャーマーズ　すべてが構造?

ガブリエル　はい、すべて構造です。

チャーマーズ　世界の構造から心の構造が解き明かされるわけですね。では、心はどのようにして内在的な本質を持つのか。そういう風に逆の方向から考えるということですか?

ガブリエル　はい、その通りです。

チャーマーズ　なるほど、しかし、心の性質は与件〔思考に先立ち、意識に直接与えられている内容〕ではないでしょうか。そのほうが、オーソドックスな考え方です。

ガブリエル　はい、そうです。これは、典型的な問題ですね。ではそのとき、どうやって与件は成立するのでしょうか？

チャーマーズ　どうして意識が所与のものと言えるか、というわけですね。

ガブリエル　そう、どうやって意識の与件が生み出されるのか、これが、新たな難問です。私はこれを「自己意識のパラドックス」と呼んでいます。つまり、私は自分が意識を持っていることを知っている。でも、それを否定する人がいると想像してみてください。私たちとデネットの間で展開する論争のようなものです。そしてデネットは、自分の見解がどれだけ寛容かを吹聴しているけれど、時に彼は、意識のようなものはない、と言っているように聞こえますよね。ですから、私たちの間には、意識の本質や、もしかしたら意識の存在自体についても、明らかな意見の相違があると考えるのです。

では、意識はどうすれば、意識の存在に友好的な哲学者たちが考えるような「与件」であると同時に、与件ではないし、存在も否定されてしまうものでもあり得るのでしょうか？　つまり、与件とされているものも、与件でないとみなすことができてしまうのです。

チャーマーズ　哲学者として、デネットほど、反対意見を提示したくなる人物はいません。いずれにせよ、与件とは何か、というのは、それ自体哲学的な問題ですね。そして誰も否定できないほど神聖な所与というものは確かに存在しません。ただ同時に、誰かがそれが所与であることを否定するという事実は、それが与件ではないことの証明にはなりません。意識は与件だと思います。

マトリックスの哲学

ガブリエル さて、あなたは映画『マトリックス』についても書きましたよね？ それについて議論しましょう。哲学にとっても重要な例となる素材だからです。

あなたは、私たちがマトリックスの中にいるかもしれないと思いますか？ これについてはどう考えますか？ 私たちはどうやって、自分が夢を見ていない、もしくは未来の人工知能かビデオゲーム製作者によって、いまニューヨーク市にいると信じ込むように操られていないとわかるのでしょう？

チャーマーズ 『マトリックス』という映画は哲学者にとって、実に素晴らしいものです。なぜならそれは古い哲学的寓話――悪霊についてのデカルトの寓話――の具現化だからです。外的現実があると考えるように、悪霊があなたをたったいま騙していないということが、どうやってわかるのか？ どれも現実ではなく、コンピューター・シミュレーションかもしれないのです。

『マトリックス』ではコンピューターが素晴らしいシミュレーションを作ります。このシミュレーションにつながれた脳は、それが完全に現実であるかのように体験する。

それで、一つ目の質問が、どうやって同じことがいま自分に起こっていないとわかるのか？　そして二つ目の質問が、もしこれが自分に起こっていないということを知ることができないのなら、あなたは何かしらについてどうやって知ることができるのか？という問いですね。その意味において、マトリックスを、「私たちは外界の何かについてどうやったら知ることができるのか？」という疑問を提起するために使うことはできません。

そして私の答えは、「私がコンピューター・シミュレーションの中にいるという仮説は除外することができない」ということです。

コンピューター・シミュレーションの中で、私と同じ経験をする人が出てくるということはあり得ると思います。ニック・ボストロムが指摘したように、宇宙の歴史の過程で、シミュレーションされた人間のほうがシミュレーションされていない人間よりもはるかに多くいるかもしれません。そのようなシミュレーションされた人間が意識を持つなら、私と同じような経験をしているかもしれません。ただ、シミュレーションの中にいてもいいなくても、私の本質は一貫していると主張したいのです。

私が受け入れないのは、次のことです。私たちがマトリックスの中にいる、またはシミュレーションの中にいるとき、世界はただの錯覚でどれも現実ではない、という発想です。もし私たちがマトリックスの中やシミュレーションの中にいるとしたら、この水の入ったグラスは実は錯覚だ、というのが標準的な考えでしょう。グラスは実在しないし、ただ単にグラスだと理解しているにすぎない、そこにグラスが無いにもかかわらず、と。

これに対して、私の考えでは、もし私たちがシミュレーションの中にいるなら、私たちは、グラスは完璧に実在していると言うべきです。このグラスはビットパターンをコンピューターで処理したというだけです。ですから、マトリックスの形而上学は、「それはビットから生まれている」という見解です。実在性は情報に根拠づけられているのです。そして、それらはすべて実在するのです。私たちはマトリックスの中にいるかもしれませんが、マトリックスが錯覚の一種であるとは考えないほうがいいはずです。私の見解では、マトリックスの世界は実在します。

ガブリエル　でもどうやって、その問いを解決するのですか？　これはある問題を提起します。もし「それはビットから生まれている」というような仮定があったとしたら、私たちは、なぜある特定のグラスが絶対に実在するかということをもちろん説明できますよね？　ただグラスが私たちの思っていたものと違ったというだけですよね？　つまりそれは実際ある複雑なハードウェアの計算構造によるものだというわけです。

そうすると次に生まれる問題は、本当にビデオゲームの中の人物などに、意識はあるのかということです。私たちは意識が何に根拠づけられているのか、どのような方法で意識が動物のうちで根拠づけられているのかもわかりません。ただ、私たちの意識において本質的に生物学的な何かがあったら、もちろんあなたの言う「ビットから生まれている」生物は、意識を持てないはずですよね？　あなたの見解はどうでしょうか？

チャーマーズ　私の見解は、誰も意識の仕組みをわからないということです。それは大いなる謎です。

ガブリエル　ええ、それはもちろんそうですが。

チャーマーズ　私たちは機械が意識を持つことができないということが本当かどうかも、まだわからないのです。半導体や情報が独力で処理することが、意識を与えるかどうかも、わかりません。脳での生体内作用が意識を与えることができるということも、やはりまだわからないのです。とはいえ、脳の生物学的機能は、なんらかの方法で、意識を与えているようです。ですから、私は生物学について、特に何も特別なことはないと考えたいのです。脳がしていることは、それが情報を処理している方法にどういうわけかつながっているのだと……そう考えたいのです。

もしそれが正解ならば、同じように情報を処理している半導体にも意識があるのかもしれません。仮にそうだとすれば、あなたの脳と私の脳を同化させるような、純粋なシミュレーションが可能だということにもなるでしょう。映画『マトリックス』の世界も可能になるというわけです。

ガブリエル　ええ、そうですね。それに伴って提起される問題は、一番深い哲学的な謎の一つです。つまり、意識は明らかに同一物ではない意識と同一になることが可能か？というものです。脳の処理、ある特定の半導体、これらがトランジスタと同一だとみなすことができるのかどうかは、決して自明ではありません。人々が主観的体験の一人称視点と呼ぶものと、脳の作用や半導体の処理などとの関係性は、とても難しい問題です。

意識のハード・プロブレム

チャーマーズ　ええ。私の見解では、意識とあらゆる物理的プロセスの間の関係性は同一ではありません。意識は、たとえば脳の中での作用に変換できないと思います。私は脳の中での作用は意識との対応関係を示すと思いますが、それは意識自体の説明を与えてくれるものではありません。ここでは、対応関係と説明の違いがきわめて重要です。脳の作用は人間の行動や人間の知能について多くのことを説明できると思います。どうやって環境の中である特定のものを識別するのか？　私たちはどうやって情報を統合するのか？　どうやって環境の中のことに反応したり、それについて話したりできるようになったのか……？　これらはすべて客観的な問題です。最終的には行動につながるプロセスについてのものです。そして私は、脳の作用がそれらを説明するのにとても適していると思います。それらは私たちがイージー・プロブレムと呼んでいるものです。

しかし、意識のことになるとそうはいきません。意識のことになると、主観的経験の問題は、ハード・プロブレムなのです。なぜ脳の中やコンピューターの中でのすべての処理は一人称視点を伴わなければならないのでしょう。その過程を中から見たら、一体どうなっているのでしょう。

脳の作用やコンピューターの説明ですら、このハード・プロブレムに触れることはできません。なぜなら、それらが与えてくれるのは、最終的に構造の話にすぎないからです。

認知過程の構造と原動力です。それは区別／統合について説明するためには有効ですが、一人称の意識経験を説明することはできないのです。ですから、私の見解は、構造的に実現されている三人称の作用と比べて、意識と一人称の視点は、基礎的で、簡略化できないものとして捉える必要があるということです。つまり、自然には二つの構成要素があります。構造的で物質的なものと内在的で質的な意識です。

ガブリエル　いまの話には多くの点で同意します。身体化された動物の中での一人称の人間的視点、このような全体的な視点からの経験は、認識論的に不可欠です。

つまり、実在性についての議論で、そのような経験を否定する人々、還元主義者の見解と、私の立場は相容れないのです。これらの目論見はすべて、暗黙のうちに、あるいは明示的に、自分たちが利用しているものの存在を否定してしまうために、最終的には失敗するでしょう。これは明らかに絶望的なやり方だと思います。

チャーマーズ　私の見解は、意識が根本的な与件だということです。デカルトは、「我思う、ゆえに我あり」といいました。私なりに言い換えれば、「我意識あり、ゆえに我あり」ということです。根本的与件とは、意識の与件なのです。

とはいえ、見かけの与件に対して、疑問を投げかけるのが哲学の役目だと思うので、私はあなたが批判している意識の幻想主義者たちのことも、尊敬していますよ。意識についての幻想主義者は、実は意識は錯覚であり、与件ではないと言っています。脳が何らかの理由で誤った内省的なモデルを発達させ、本来持っていない意識の特性を自分自身に帰しているからだというわけです。

だから、幻想主義は与件であることを否定します。そして、私たちがそれに答えて、これが信じられないほど明白な与件であると言ったときでも、彼らは、あなたがそう考えている理由を説明できると言うでしょう――あなたの脳は、意識が明白でないにもかかわらず、意識が明白であるとあなたに思わせるようにセットされているだけなのだ、と。

ここにある弁論術は興味深いものです。私は、最終的には意識は与件だと思いますが、それを疑問視すべきだとは思います。

ガブリエル　私は意識を出発点にしません。というのも、一人称視点から、意識を切り離すことができるからです。それは、生々しい経験です。この場合の経験とは、たとえば、激しい痛みがあると想像できます。

チャーマーズ　でも、その生々しい経験は、結局、一人称視点の経験でしょう。その際に問題となっているのは、自己意識です。自己意識は、自分の周囲の世界について、意識できます。でも、この自己意識を意識と区別すべきであることには、あなたも同意するでしょう。自分の周囲の世界の意識は、第一知覚者からの意識です。

ガブリエル　完全に同意します。しかし、私は健康な動物などには、自己意識の可能性があると思います。少なくとも、意識には自意識の可能性が組み込まれています。

チャーマーズ　たとえばネズミは世界のごく単純な意識を持っているかもしれないが、自意識は持っていないのでは？

ガブリエル　うーん、そうでしょうか。

チャーマーズ　たぶん、自己意識の、きわめて原始的な背景ならあるのかもしれませんが。

ガブリエル　そう、もし私が賭けをするのならば、ネズミにも自意識があると言うでしょう。でもそれは、意識が自己意識を必要とすることが概念上の真実だからなのではなく、少なくとも私自身も容易に共感できる、きわめて小さな意識が存在するという事実からです。

チャーマーズ　ネズミの意識は常にチーズをかじる経験に関係していると言うかもしれませんね。これは、チーズを一人称の視点から経験することに関係しています。たしかにここには、自我についての意識があるのかもしれませんし、自我を世界の中心とみなすような世界観があるのかもしれません。

ガブリエル　ええ、そう思うのです。ご存じのようにドイツの哲学的伝統は、これを「自己感情」と呼んでいます。

チャーマーズ　ショーペンハウアー的ですね。

ガブリエル　はい、とてもショーペンハウアー的です。実際、「脳と心は関係しあっていて、脳がパースペクティブを生み出す」と言ったおそらく最初の哲学者がショーペンハウアーでしょう。彼は最初の脳観念論者だと思います。ショーペンハウアーは、脳が意志や表象を生み出しているというわけです。こうしたことは、バークリーには主張できません。脳は三次元の物体なので、脳がそれらを生み出しているとは彼は考えないでしょう。これに対してショーペンハウアーは、あらゆるものを脳に帰します。

そしてここに潜在的なパラドックスがあることを、ショーペンハウアーが初めて認めたのです。すなわち、もし脳が現実を構成しているのならば、脳は自らを構成しているように思えます。こうして彼は、脳よりも深い次元として「意志」を導入するのですが、いずれにせよショーペンハウアーにとって、脳は自然における結合点です。

チャーマーズ　ショーペンハウアーは、世界の結び目を指摘したというわけですね。

ガブリエル　ええ。そして、彼はこう言います。なぜあるものはパースペクティブを持ち、他のものは持たないのか。彼は汎心論ではありませんでしたから、木にはパースペクティブがないと考えていました。

チャーマーズ　パースペクティブのハード・プロブレム、ですね。

ガブリエル　その通りです。

consciousnessという言葉は何を指すか

ガブリエル　ただ、彼の議論の中で、意識の概念はそれほど明示的ではありませんでした。なぜなら、実はドイツ語では、あなたの言う意味での、「意識」に相当する単語がなかったからです。もちろん、いまでは「Bewußtsein」と呼んでいますけれどもね。

チャーマーズ　これはいつから、ドイツで議論されるようになった言葉なのですか?

ガブリエル　もちろん、この言葉自体は古くから存在していますが、あなたの言うような意味で使われるようになったのは最近のことです。

チャーマーズ　たしかにイギリスの伝統でも、意識という言葉は長い間、自らを省みる過程をともなうプロセスとして、使われてきました。おそらく一九世紀になってから、別の現代的な使われ方をするようになります。つまり、内省的な要素を含まない、普通の知覚、普通の思考、反射的な要素を必要としない、知覚と思考の認識を含むすべての経験として、使われるようになったと思います。

トマス・H・ハックスレーや、ジョン・ティンダルが一八六〇年代から七〇年代に突然、意識という用語を使って、この問題について現代的な発言をし始めています。

ガブリエル　ええ、そうです、それはとても驚くべきことです。

この点と関連して私が関心を持っているのは次のようなことです。心理主義的な用語で、自分自身の心を特徴づけようとするさまざまな表現がありますよね。意識的、無意識的、警戒、自己認識などです。こうした文脈において、心が心であるということを説明する際に、意識、自己意識などの用語を使うとき、それが自然界における現象を描くために適切な語彙であり、良い問いを立てているかどうかを、どうやって確かめることができるでしょうか。英語の単語「consciousness（意識）」のある特定の意味が、英語表現が成立する遥か以前に、すでに脳の中に生じていた事態を表すようになったのは、偶然です。

なぜなら、私たちは、古代ギリシャ人が意識的ではなかったとは考えたくないですからね。ギリシャ人には、このように考えるための適切な言葉がなかっただけなのかもしれません。あなたはこの点についてどう考えますか? 私たちはただ、より良い概念を獲得したことによって、意識を持っていることを発見しただけだ、と思いますか?

チャーマーズ それは私が意識の「メタ問題」と呼んでいるものと密接に関係しています。意識の「ハード・プロブレム」は、実際にどうやって意識は作られたのか、さらに、それは物質界での作用とどのように関係しているのかという問題です。それに対して、意識の「メタ問題」は、なぜ意識の「問題が存在する」と私たちは考えるのかというものです。そもそもなぜ、私たちは意識について考えることになったのでしょうか?

これは興味深い問題です。現実の構造を見たとしても、あなたは意識を見ることができません。もしあなたが現実の構造を見たとしたら、あなたは意識について話している脳を見ます。意識について思考している脳です。それは、あなたが意識的なのか、私が意識的なのかという客観的で、基礎的な説明を与えてくれないでしょう。けれど、私たちがここで意識について話しているということについての客観的で基礎的な説明は存在するかもしれません。ですから、意識は物質界の構造と明確に異なっているのに、どういうわけか、意識は物質界の構造において表象されているのです。私は、この意識の「メタ問題」は、とても謎めいていると思います。

この問題の解決策の、一つの方向は「幻想説」です。自分は意識的だと思っている人々に対して、脳の作用がどのように働いているのか、説明する方法です。そして、意識の「ハード・プロブレム」も幻想だと言うのです。「幻想説」を支持する人々は意識を脳の作用として説明し、私たちは意識しているという考えそのものの誤りを暴き出す方法です。

しかし、別の道もあります。意識、意識の構造、表象との間の驚くべき一致を頑張って探すこともできます。そして、これらの意識の表象がどういうわけか意識そのものを反映していることを示そうとするのです。けれども、それは非常に難しい研究プロジェクトで、まだ誰も解いていません。

ガブリエル　ええ、これは間違いなく重要な研究プロジェクトだと思います。ここでの私からの大事な提案は、人文学の知見を議論に持ち込むというものです。

たとえば、人類学者に話をしてみましょう。彼らが、私たちの異なった言語や歴史における自我のあり方についてのさまざまな考察をフィールドワークするのです。たとえば日本人や中国人が、自分たちの精神状態について哲学的にどう考えているのかを聞いて、どのような議論が展開されていき、その論拠は何かなどを調べていくというわけです。

チャーマーズ　異文化間の哲学者や人文学者や、これが他の言語や他の文化ではどのように機能するのかを研究している人たちと最近討論を行ったのですが、たしかに興味深いものでした。たとえば、オーストラリア国立大学の言語学者アンナ・ヴェジビツカは世界のすべての言語を研究しています。そして彼女によれば、多くの言語では「consciousness（意識）」を意味する言葉がないそうです。それに対して、見ること、聞くこと、感じること、考えること、知ることを意味する言葉はあるのだと言うのです。

その意味では、すべての言語に、見ること、聞くこと、感じること、考えること、知ることが存在しているのですから、心についての問題を考えるにはそれで十分なのかもしれません。興味深いことに、世界のどの言語においても、意識や経験を包括するカテゴリーはないのです。一つもありません。

ですから彼女は意識についての問題のいくつかの解釈を提案しています。それはもしかしたら、「consciousness（意識）」という言葉がある英語系やヨーロッパ人の言語が持ち出した錯覚かもしれない、と。日本人にはどのように機能するのかを知るのはとても興味深いでしょうね。正確には、この問題について明確に述べるためにはどんな単語があるのかを聞いて回る必要があります。私自身は、「consciousness（意識）」の問題はただ単に文化的に構成されているのではないかという意見に懐疑的です。ただ、文化がとても大きな歴史的な役割を果たしてきたと考えるべきです。

ガブリエル　ええ、私は、これはとても興味深い点だと思います。つまり、似たようなことが、「心の哲学（philosophy of mind）」で扱うすべての用語に当てはめられると思います。たとえば、ドイツ語に英語の「心（mind）」そのものと正確に同じものはありません。なぜなら私たちが心の哲学を訳すとき、ドイツ語では「精神（Geist）」を使うことになります。両者は、一緒ではありません。

チャーマーズ　なるほど。

ガブリエル　もちろん似ていますよ。でも、違う。二一世紀に明確に私たちがやらなければいけないことの一つは、大陸哲学と英米の分析哲学の間にある錯覚にも似た溝を埋めることです。西洋哲学と東洋哲学の間の溝についても同じことが言えますね。溝があるという表現は間違っているかもしれません。あるのは、「哲学」だけだと私は考えるのです。

チャーマーズ　このような現象学的な伝統は、分析的な伝統における意識の哲学などと、ますます連続的になってきています。仏教やヒンズー教における心についての思考の伝統との間には非常に強いつながりがあることがわかってきています。興味深いことに、その分だけ、心について考えることが難しくなっているのは最近のことです。そのため、最近の大陸哲学や、フランスの伝統についても、熱心な議論が交わされるようになってきているのです。

この溝をどうやって埋めるのかはわかりませんが、なんらかの思考ツールがあるのかもしれませんね。私の経験では、物事はたいてい四〇年か五〇年後につながります。さて、いまから五〇年前には、ドゥルーズがいまや尊敬される分析哲学になっているとは考えもしなかった。ハイデッガーもね。

意識は「主観」か?「客観」か?

ガブリエル　「心の哲学」の領域では、ダニエル・デネットはもちろん、魅力的な現代の哲学者の一人だと言えます。「私たちは、ある特定の時点にいる電子や、理論的に物質の基礎単位であると考えられている粒子＝クォークから構成されている」。デネットはそうしたものの見方に立ってすべてを解釈していこうとする。しかし、現実はもっと複雑な物理理論になるはずです。

私はそのことについて懸念するのです。なぜなら、それは私にとって、科学的世界観にあまりにも大きな特権を与えているように思えるからです。唯物主義者の世界観に近すぎると考えています。

チャーマーズ　デネットは自分のことを「三人称絶対主義者」だと表現しています。彼は外界や測定結果など、科学に貢献する三人称の客観的な観察に絶対的な権力を与えています。そこが私も、彼とは異なるところです。

たとえばデネットは、「一人称データ」や「一人称視点」には絶対的な権力がない、と言っています。それらはすべて、今にも科学によって完全に否定されようとしていると考えるのです。それに対して私の見解は、意識そのものが与件であるというものです。それは一人称の与件であり、世界のどの理論においても尊重されなければならない与件です。

このことにデネットは反対します。「一人称感覚の与件などありません、ただ単に三人称与件に過ぎません。そしてそれらはすべて局所的で総体的で、改正が必要なのです」と。私はこの見解自体は尊重しますし、とても興味深い考えだとも思いますが、同時にやはり、一人称与件を与件として受け入れなければ、意識という現象は決して正当に取り扱うことができないだろうとも考えています。実際そうなのです。彼は『解明される意識』という素晴らしい本を書きました。しかし彼がこの本の中でなし得なかったのは、意識について解明することです。

むしろ、彼は言い逃れをしているようにも感じるのです。彼はいくつか私たちの反応や考え方についても説明したと思っているかもしれませんが、彼の本を読んだ人は、意識についての説明がどこにもないと思うことでしょう。デネットは「それでいいのです」と言うかもしれません。「私がただ説明したかったのは、あなたが意識について言うことについてです」と。彼はこれを「ヘテロ現象学」と呼んでいます。それが三人称の与件です。

しかし『解明される意識』が世に出てから現在までの三〇年近くの間に、デネットが表明したことについて、多くの人々がそれは意識の理論としては適切ではないと考えていると、私は思います。人々には意識の与件とともに意識的な経験があるので、デネットの三人称の議論だけでは、やはり納得しないでしょう。

ガブリエル　ええ、彼の戦略については私も疑問を持っています。経験的知識が知識取得の規範だということになるのですから。彼の「三人称絶対主義論」を推進しているのは、経験的な知識を知識取得のパラダイムにすることです。それは自然科学の枠組みです。自然科学は科学の一部です。私の懸念は、多くの種類の他のものについてもどう考えるのかということです。つまり、意識は大きな問題ですが、数学的なものや文化的なもの、さらに社会的なものについては、彼の枠組みで、一体どう扱うのでしょうか。

チャーマーズ 難しい問題がたくさんありますね。禁欲的な自然主義者の見解、特に禁欲的な物理主義者の見解、数、数学、倫理……。あなたが言うように、もちろん、私たちはそれらの一部を錯覚や少なくとも嘘の考えとして、たとえば、幽霊や魔女、女神などは除外したいと願っていますけれどもね。一部には嘘の考えとして除外する準備ができている人もいるかもしれませんが、私たちはすべての倫理観を除外したいのでしょうか？　数学を除外したいのでしょうか？

いや、そうではないでしょう。

ですから、心の扱いは、もっとも難しいものだと思います。ものすごく明らかであり、与件であり、除外することが圧倒的に難しいのです。心というものは、自明でもあり、不可解でもある、この世界でもっとも完璧な例だと思います。

世界の複数性が重要です。私たちはこの世界のすべてのものつれを一つにまとめることができるのでしょうか？　とても興味深いことに、劇作家トム・ストッパードは、意識の「ハード・プロブレム」についての劇を書きました。彼は、すべて

チャーマーズ氏のオフィスのバルコニーで語り合う

のもつれが一つに結ばれたと見て、それが意識の「ハード・プロブレム」に働きかけていて、決して意識の問題だけには解消されないと考えます。意識の問題は、倫理観と利他主義の問題、さらには、価値の問題や神の問題にもつながっているのだというのです。そして、彼はそれらすべてを一つの大きな問題の側面として捉えるのです。もしかしたら意識の正しい理論によって、価値、倫理観と神についても、すべて説明できるかもしれない、というわけです。

私たちがすべてのこのような問題に対して統一した説明を行うことができるという考えには、私は少し懐疑的です。しかし、これは追求に値する問題だと強く思います。

ガブリエル　唯物主義的一元論というのは、全く信じられないような代物なので、私たちには現在、多くの哲学的動きがあるのだと思います。もしそのような動きがなかったら事態は全く違っていたでしょう。そして、いま、みな除外したい立場を、少なくとも一つは実際に持っているのです。多元論者は一元論者を排除したいし、一元論者は多元論者を排除したい、というように。この状況での私の哲学的問題は、私たちが結果として、たとえばただ統一可能なのではなく、複数性があるということです。

チャーマーズ　現実は結局のところ寸断されていて、すべてのものに一元論的原則はありません。

ガブリエル　おっしゃる通りです。

チャーマーズ　絶対的な根底的次元はなく、根底的次元の複数性を視野に入れなければ。

ガブリエル　そう、根底的次元の複数性です。私は、それを「意味の場」と呼んでいます。意味の場は複数あり、それを包括する全体的な構造はありません。

チャーマーズ　では、唯物主義者の分野があって、二元論主義者の分野があって、汎心論主義者の分野があって、どれが正解かということは関係なく、ダニエル・デネットが正解の分野もあるということですか？

ガブリエル　ええ、デネットが正しい分野もありますよね。

チャーマーズ　奇術師の分野、このような分野も存在すると。

ガブリエル　待ってください、そういう意味ではありません。そのような「何でもあり」というのは私の見解ではありません。ただ、全体性がないということです。唯物論、一元論、二元論のどれも全体性を前提としています。

二元論によれば、全体性は二種類のものに分かれます。すべてのものはこの種類かあの種類かのどちらかでしょう。三元論者は三種類あるといい、一元論者は「いいえ、一種類しかありません」と言います。

ここでのポイントは、彼らがみな等しく間違っているということです。なぜなら彼らは、全体を包括する根源的な次元があることを前提としているからです。彼らはただ、根底的次元には何種類あるかについて争っているに過ぎません。

私はそのような包括的次元があるとは考えません。私たちは数学的対象を持ち、事実対象を持ち、精神対象を持ち、物理的対象を持ちます。そしてそれらは重なり合うところもある。ですから、物理的対象または神経対象と精神対象との間でも関係性があるかもしれませんし、相互関係もあるでしょう。私はそれを否定はしていません。それらは重なり合っています。だからと言って、それらが一つの包括的な現実の一部であることを意味するわけではないのです。

チャーマーズ　では、現実そのものが本質的に分裂して、数多くの断片からなっているのですか?

ガブリエル　そうです。

チャーマーズ　たとえば、絶対的な時間はない。この時間での現実の破片と、この時間でのまた別の現実の破片はどちらも異なる点を持ち、その視点においては客観的な現実になります。私たちは、同じことを形而上学に対して行うべきだと。

ガブリエル　まさしくそれが私の見解です。私はそれを「意味の場」と呼びます。新実在論の立場ですね。これこそ、いま私が解明しようとしていることです。

チャーマーズ　あなたは断片主義者であり、したがって実在論者だと言えますね。

脳をアップロードできるか

ガブリエル　近い将来、意識をアップロードすることが可能になって永遠の生命を獲得するか、もしくは不老不死に近づける方法があると考えていたり、そう願っている人々も少なからずいるわけです。あなたは、これが可能だと思いますか？

チャーマーズ　私は、アップロードは可能だと思います。人間の身体と脳の一部を徐々にデジタルの部品と取り替えるのです。実際、人工心臓や人工肺や人工の耳はすでに存在しています。次第に人工網膜ができ、最終的に私たちの脳内でのニューロンの役割を厳密に果たすデジタル回路のエンジニアリングも可能となることでしょう。

ある人に脳腫瘍や何かしらの脳の損傷が見つかった場合にも、もしかしたら、彼らの脳の一部をデジタル回路に取り替えることができるようになるかもしれません。そして、それがいったん可能になったなら、なぜ脳全体ではできないのか、という疑問も同時に生まれます。そのときには私たちは脳全体をスキャンして、そのデジタル記録を作り、それらを再構成するかもしれません。これは哲学者にとって、ある意味、素晴らしいことです。

たとえば、私の脳の完全なコピーがシリコン回路で作られたとしましょう。これは二つの哲学的疑問を生じさせます。一つ目は、「そのコピーが意識を持っているのか、それとも、単なる意識のないロボットなのか？」。さらに二つ目は、「それは私なのか？ それとも、単なる双子なのか？」。私は、アップロードされた私のコピーが意識を持っていると信じたいのです。

アップロードを可能にする一番よい方法として、徐々に脳の一部を取り替えていくことを考えてみましょう。自分の脳の五％をシリコンの回路に置き換えて、さらに五％、もう一〇％……と進めていくのです。

さて、中間のところまできたとしましょう。私の脳は半分ニューロン、半分シリコンです。私の意識はまだありますか？ 十中八九、あると思います。もし徐々に、本当に少しずつ私の脳全体をシリコンで置き換えていったならば、それは意識を持つことでしょう。段階的なアップロードと呼ばれるやり方です。おそらく一番安全なアップロードの方法ですね……脳を一回一回、ちょっとずつアップロードしていくわけです。

そのとき、二つ目の質問が生まれます。それは私なのでしょうか？　つまり、もし私が私の脳全部を一回でアップロードして、私がここに残ったら、「生物学的なデイヴィッド」がいて、そしてもう一人、シリコンコピーの「デジタル・デイヴィッド」を作ることができることになります。そして「生物学的なデイヴィッド」が「デジタル・デイヴィッド」に話しかけるような会話も可能になるでしょうね。私はここにいるし、彼もここにいます。そうしたら、「デジタル・デイヴィッド」はオリジナルの「生物学的なデイヴィッド」と同一の存在ではなく、新たな人格だと、人々は言うでしょう。しかし、もし私が、私自身の一部を、意識をずっと保った状態で取り替えて、徐々に私自身を変身させていったとしたら、このようなやり方であれば、私は「デジタル・デイヴィッド」になることができると考えたいのです。その場合は、これが、私がデジタル人間として存在し続ける方法なのかもしれません。

そしてゆくゆくは、私自身をデジタル人間として不死の存在にできるのかもしれないのです。残念ながら、私が生きている間には不可能かもしれませんが。ですから、私にできる現在の最善の策は、自分の脳のデータを作り、誰かがのちに再構成してくれることを待つことです。それは、デジタル人間としての不死を保証するようなものではないかもしれませんが、もしかしたらそれが、私たちの後継者たちにできる一番良いことなのではないでしょうか。その意味で、アップロードは人生の在り方に影響を与えるかもしれません。

ガブリエル　あなたの人生が終わりを迎えるときに、コピーを作ったとしますよね、デイヴィッド・チャーマーズの脳を残したくて。こんなことができるようになったなら、私たちはそれを、すべての関係性の完璧な数学的表現で再現することでしょう。そしてあなたは目を覚ますのですよね？　ロボットのような姿で……イギリスのドラマ『ドクター・フー』のような身体で。

チャーマーズ　そうです、シミュレーションの世界で。しかも、私はシミュレーションされた世界と関わり合っているシミュレーションされた脳を持っていて、そして、彼らは異なる段階での私の記録を持っているのかもしれません。五〇歳時点、六〇歳時点、七〇歳時点という異なった段階でのシミュレーションです。

では、どのバージョンを彼らに復活させてもらいたいと考えるか……。私のすべての記憶が残っているという意味では、もしかしたら最後の段階の脳かもしれません。いや、もしかしたら、もっと回転の速い若い段階のものかもしれません。

あるいは、理想を統合させたバージョンが最善のものとなるのかもしれません。人工知能技術の並外れた発展を願うことにしましょう。そうなれば、私の二〇歳バージョンの若さと、私の四〇歳バージョンの哲学的公平さと、私の八〇歳バージョンの知恵を一人の人間にまとめることができるのです。もしかしたらこれが私自身の理想のアップロード版かもしれませんが、それは正真正銘、私だと言えるでしょうか。

ガブリエル　ええ、つまり、これは現在の私たちの人生にも当てはまりますね。私たちはみな、八歳の頃の心配事が、本当に自分自身のことだったのか定かではないという経験があるでしょう。私は八歳の自分の悩みを、いまの私の視点からは理解できません。彼らは、おそらくみな昔からそうなのでしょうけれども、どうしてお菓子のことが気になってしょうがないのでしょうか。

チャーマーズ　私たちはみな、時が経つにつれて大きく変わっていきます。仏教徒は、時間が経っても存続する深い自我は、本当は存在しないと考えているのかもしれません。そこでは、自我はなく、私たちの人生を通しての、単なる経験の流れしかありません。

私は自分自身をアップロードできるかもしれません。私は自分のコピーを一〇〇個作れます。それらすべてに私の経験をアップロードしても、もし移されるべき深い自我がないのなら、最終的に一〇〇のコピーはすべて、私の一部に過ぎないことになるでしょう。

ガブリエル　ええ、そうなりますね。この問題で、将来の技術と既に開発済みの現代の技術が、少なくともある特定の哲学的問いに依存していることがよくわかりますね。それは哲学者にとって歴史の中で考えるべき興味深いポイントになるでしょう。

チャーマーズ　このようなことが可能になったとき、アップロードの技術が使用可能になったなら、人々は本当の決断をしなければなりません。

自分の脳を機械にアップロードすることを選ぶのか？　デジタル脳で一生、仮想現実の中で生きたいのか？　それはその人たちにとって、生か死かの決断になります。そのとき、哲学者の存在は非常に重要になります。

私たちは意識についてもっと考えなければなりません。人間の主体性、アイデンティティについて考えなければなりません。価値について考えなければなりません。

ガブリエル　これは、戦争のような闘いの本質にもつながる話かもしれないですよね。

教会を例に取りましょう。私は最近、ロボットの意識に関するバチカンのカンファレンスに行きました。カトリックの神学者たちもこの問題について心配していました。

なぜなら人間は「魂を持っている」ということが、一つのアイデンティティとなってきたからです。ところが、その魂がコンピューターにアップロードされてしまったらどうすればいいのか？　人間の存在はどうなってしまうのか？　そうなれば、ある種の現代のテクノロジーが、本当に実存的な決断を迫ることになるでしょう。

システムが意識を持つ

チャーマーズ　一九世紀のアメリカでは、奴隷の境遇をめぐって道徳的な争いで戦争になったわけですが、将来たとえば人工知能の倫理的な扱いについても、同じような戦争が起きるかもしれません。ある人々は、人工知能は本物の道徳的な権利があって意識を持つ人であると考え、他の人は、人工知能は使われるための単なる道具であるとみなすでしょう。

もしかしたら、ＡＩのための公民権運動も起きるかもしれません。そして、それが戦争につながると予想するのは、そんなに難しいことではありません。このような戦争においてＡＩがどちら側につくのか考えるのも、興味深く思われます。恐らくあなたは、彼らはＡＩの権利のための側につくから、そのような戦争はとても自然にＡＩ支持派の勝利につながるだろうと考えると思います。

もしかしたら、ＡＩの権利を信じない側は、知能の核心部が反ＡＩのＡＩ兵士を構築することができるかもしれません。これについて考え始めると、可能性は尽きません。

ガブリエル　ええ、おっしゃる通りです。そして私たちは、そのような状況に本当に向かいつつあると思います。ＳＦはもちろん、哲学の文化の象徴レベルでも。一般的な科学の書籍でも、こうした広がりは同様です。そして、こうした問題をめぐる予知が、私たちの経済や政治などにさえ既に大きな役割を果たすようになっています。

チャーマーズ　人々はどのようにして私たちの価値を機械に組み込むか、どのようにＡＩが私たちの価値と同じ立場にいることを確信するかについて考えています。これについてきちんと答えを出すためには、以下のことを考えなければなりません。

まず、私たちの価値が何なのかについて、とても慎重に考える必要があります。理想的な道徳体系とは何か？　または私たちの理想的な価値体系をどう構成するのか？　そして二つ目に、どうやってそれをＡＩに取り入れることができるのかについても、真剣に考えなければなりません。

それらは数学的で工学的な問題ですが、哲学的にとても深い問題でもあります。多くの主要なＡＩ研究者たちが、現在自分たちがやっていることと哲学を実際に統合しなければならないと言っています。これは喜ばしいことです。私は、哲学がこの活動の中心になり始めていると考えていますし、実際今後さらにそうなると思います。価値を理解するための良い哲学がないと、私たちは人間的価値の高い未来を実際に作ることはできません。

ガブリエル　おっしゃる通りです。

ただ、問題もあります。私たちが抱えている問題の一つは、それを試していないのでそれが論理的に可能に見えるということで、難しい問題は、実際にどうやってそれを試せるのかということですね。あなたが意識について、精神について、問題を強調するように、その過程ではあらゆることが起きるかもしれないですよね？　あなたが言うように、私が私の脳のすべての部分を取り替えたと想像してください。私はまだ意識はありますよね？でも私の意識の内容は変わるかもしれませんよね？

そのとき急に、以前見えていたものが見えなくなったと、私は言いだすかもしれません。このように、経験に基づいた証拠が何もないままで、実際の人間でアップロードを試すことは倫理的にきわめて大きな問題を含んでいます。いまのところそれは純粋な思考実験で、それを実際に試す方法を見つけるのはとても難しいと思います。

チャーマーズ　もし私たちが脳の神経細胞であるニューロンを完璧にシミュレーションできたら……また、他のニューロン同士の相互作用を完璧にシミュレーションすることができたら、そうしたら私たちは、脳自体を完璧にシミュレーションすることができるでしょう。これらのニューロンを、全く同じ役割を果たすシリコンチップで取り替えることができたら、私たちは首尾一貫して同じ行動をすると期待してもいいはずです。

もしそれに完全に成功したら、そのシステムは、「意識を持っている」と言っていいはずです。しかし失敗していたら、それは「盲点が広がっています。だんだん意識がなくなっています」と言うかもしれません。あなたは、そんなにうまく脳をシミュレーションすることは不可能だと言うでしょう。もしかしたらニューロンはデジタル処理で操ることができないのかもしれません。もしかしたら意識は脳に対して、シリコンの脳では保つことのできない影響を及ぼすかもしれません。

それは、とても興味深い、推測に近い条件付き仮説に過ぎませんが、私はどちらかと言えば、条件付きで可能だと考えています。もし人間の脳と機能的に同一構造の物理的な構造を作れれば、それは意識を持つでしょう。もし何かしらの技術の限界があるとか、デジタル脳にそっくりのシリコン回路すら作れないとわかったのならば、もちろんうまくいかないでしょうけれども。

ガブリエル　ええ、うまくいかないのではないか、というのが、まさに私の見解です。

チャーマーズ　ではあなたは、私たちの脳を模倣して、ニューロンと同一の構造を構築したり、シミュレーションしたりできないと思いますか？

ガブリエル　そうですね。私は、生物学的な複雑さの度合いと、加えてミクロレベルから細胞までの間にある出現のさまざまな度合いは、完全には再現できないと考えます。私の経験に基づく仮説によれば、そのような試みは崩壊するでしょう。

チャーマーズ　初めてすべてのゲノムが解読された線虫、C・エレガンスの場合でも、ニューロンがアルゴリズム・レベルでどのように機能するかについては、ほとんど理解されていません。この線虫には三〇〇個のニューロンがあります。配線図は完全に理解されていますが、これら三〇〇個のニューロンが線虫の行動をどのようにして生んでいるのか、シミュレーションを構築しようとしても、誰もそれを実行できないのです。つまり、ニューロンの仕組みをアルゴリズム・レベルで解明することは、まだできません。そういう意味では、大きな困難があるでしょうね。

いずれにせよ、ユートピアまたはディストピアを通じてアップロードすることで、ほとんどすべてのテクノロジーは価値中立的な存在となり、感嘆するような良いことにも、嘆きたくなるようなひどいことにもどちらにも使うことができるでしょう。だから繰り返しますが、インターネットはユートピアでもあり、いくつかの面ではディストピアでもあるわけです。

私は人工知能にもその可能性があると思います。それは世界を良い方向へ変え、知られているすべての病気を治したり、気候変動を解決したり、宇宙を探検するために私たちの行動範囲が広がるように導いたりもしますが、完全なる支配や人類の破滅を引き起こす可能性もあるのです。おそらくアップロードに関してもそうでしょう。その恩恵は大きく、計り知れない不死性が実現されるかもしれません。

それは、私たち自身が構築する理想的な世界での、永遠の命です。ディストピアは、みな自分のことを一万回繰り返しアップロードして、私たちは誰も権利や特権がない、混乱した状態の世界に住むことです。そしておそらくこの場合は、アップロードの手段や、生産の手段を支配する人たちがすべての権利や特権を得るのでしょう。どの場合においても、テクノロジーは価値中立的なのです。

どうなるかは、私たちにかかっています。ディストピアではなく、ユートピアを得るために、私たちがどのように未来を築いていくのか、今とても真剣に考えなくてはならない段階にあります。

Ⅴ章　ドイツ哲学を読め！

——ダニエル・ケールマン×マルクス・ガブリエル

ダニエル・ケールマン
Daniel Kehlmann

ドイツ生まれの作家。『世界の測量 ガウスとフンボルトの物語』（三修社）がドイツ国内で100万部を超えるベストセラーとなる。ミュンヘン生まれ、ウィーン大学で哲学と文芸学を学び、カント哲学を研究。批評家として紙誌に批評やエッセイを寄稿、大学講師も務める。トーマス・マン賞、クライスト賞、ヴェルト文学賞などを受けた、第一線の若手作家。ほかの作品に、『僕とカミンスキー 盲目の老画家との奇妙な旅』『名声』（三修社）などがある。

ポスト・トゥルース時代の文学

ガブリエル　私たちはこれまでもさまざまな機会に、現代社会の危機について語り合ってきましたね。現代社会のフィクションと現実をめぐる認識の変化について、見方を共有してきたように思います。「ポスト・トゥルース」の時代にあっては、インターネット、ソーシャルメディアなど、これらは一見したところ、フィクションに対する私たちの態度を変化させ、危険にさらしているようにさえ思えます。

さてあなたはドイツで有名な作家であるわけですが、こうした状況をフィクションの専門家として、どう見ていますか？　詩学と哲学の訓練を受けた作家として、あなたは自分を嘘製造機だとは考えていませんよね。ここ最近の、虚構と事実の境界線がぼやけているとも言える現象について、どう見ていますか。

ケールマン　はい、ここには問いが二つ含まれていますね。一つは、フィクション、物語、文学などの地位についての問いです。フィクションにもいろいろな種類がありますよ。そしてもう一つ興味深い問いは、ポスト・トゥルースの時代についての問いです。

ここで問題となっている問いは、私に言わせれば、これまでにも何度も何度も起きてきたことです。つまり、基本的に新しいメディアが登場するたびに、こうした問いが出てきたわけです。新たなマスメディア、情報多様化の新たな媒体が混乱の時期を生み出し、政治的動乱と無秩序の期間を作り出す。この新媒体に対処できるだけの能力を身につけねばならないという事実に関連して、「適応するための時間」なのです。たとえば、かつて印刷機が突如として、プロパガンダを満載したチラシを大量に複製できるようになったときのようなものです。そのときも、そのことに適応するための期間が必要でした。

「フェイク・ニュース」とは呼ばれませんでしたが、実際は同じだったのだと思います。それはある意味、現代のマスメディアの方法だったとも言えるでしょう。オーストリアの風刺家であり、マスメディアの重要な思想家でもあったカール・クラウスが、「新聞での大規模な戦争プロパガンダがなければ、第一次世界大戦はなかっただろう」と、いつも主張していました。ある意味では今日のインターネットでも、同じようなことが起きています。これは特異な事態ではなく、人類史上に何度も何度も起きることだと思います。今回は、大規模な戦争なしに終わることを願うしかありません。「フェイク・ニュース」は、実はこれまでも、ずっとそうした形で存在していたのです。

フィクションの地位についての問いに関して言えば、興味深いのは、創作の語り、つまり美しい嘘を語るということが文学において少しだけ時代遅れになったことです。現在、作家たちが自らの仕事について、多くの事実にもとづいて語るべきだという潮流があるように感じます。でも、そのことによって生まれたとても面白い本もあるので、そのこと自体を、取り立てて反対すべきこととは思いません。しかしそれもまた、私が思うに、文学は嘘をつくものであるという事実を変えるものではない、一過性の流行なのです。

「『フェイク・ニュース』はこれまでも存在してきた」

ガブリエル　前半のフィクションについての理論は、プラトンの話を思い出させますね。「文字の批判」と密接に関連していることが、注目すべきポイントです。

プラトンの場合、新しいメディアとは「文字の発明」だったわけですが、これは今日ではインターネットに相当するものでしょう。インターネットは、ラディカルで、すべてを変える新しいメディアなのでしょうか。もちろん問題は、文学がどのような条件下で媒体として存続するかということです。読書習慣に大きな影響が出ているという認識を持っていますか？　インターネットが使えるようになってから別の方法で書いていますか？

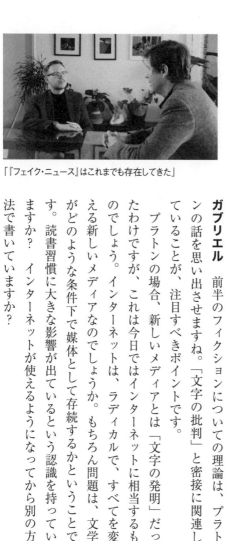

ケールマン　あまり変わっていませんね。インターネットを脅威とは考えていないのです。もちろんそれは作家にとっての可能性でもありますから。作家にとっても、研究者にとっても、当然のことながら、突然大量の情報を自由に使えるようになったという事実があります。すべての巨大な図書館のコンテンツに簡単にアクセスできるということで、作家や研究者の仕事にとってもも大きな救いとなっていますよね。

しかし、それだって実際には些細なことであり、文学作品における根本的な存在論的変化ではありません。確かに、インターネットの普及によって本を読む人が減ったという変化はあるでしょう。しかし、だからといって、本の書き方が変わるとは思いません。読者の注意を引くためには違った書き方をしなければならない、とは思わないのです。むしろ、たとえばチャールズ・ディケンズの時代までそうであったように、文学が少数派の人に向けたプログラムだということを、あらためて受け入れなくてはなりません。

これはもちろん、プロの作家にとって経済的には残念なことですが、文学にとっては必ずしも破滅的な事態ではありません。そして、私はすでにこうした推移を受け入れています。その一方で、私たちがインターネットを通じて、文学の実践からセールスの問題を完全に取り除いたことは、喜ばしいことであるという言い方もできるでしょう。

言い換えれば、作家として私たちは常に違法ダウンロードを気にしているけれども、実際にはそれが実行に移されることはかなり少ないのです。一方では、インターネットのおかげで、砂漠や人里離れた山岳地帯のどこかに住んでいる読者に突然出会うこともあるわけです。これはとても得難いことであり、素晴らしい機会です。でも、このことが、近い未来に、作家は、生活のためには別の職業を持たなければならなくなるという事態を変えるものではないでしょう。

ガブリエル　そうですね、インターネットの影響はもちろんすでに深いところまで来ています。問題は、私たちが何を求めていて、何をすべきで、何ができるかということです。二一世紀のデジタル化という文脈において、現在、必要とされているように見える古典的な形式の知を、どのようにして社会改革のために貢献させることができるのか？

私の課題は、率直に言って、ドイツ観念論のプロジェクトがまだ乗り越えられていないばかりか、二一世紀に向けた解放の可能性すら含んでいるということを示すことです。もっとも進んだ哲学体系がヨーロッパにはあり、今日の危機的状況に私たちヨーロッパ人が貢献できるのは、私たちがある種の文化的なフォーマットを持っていることにあります。

ヨーロッパ人には新しい課題があります。ヨーロッパには、さまざまな芸術や文学があり、その伝統もあるわけですが、一方でアメリカは驚くほど、文化的な砂漠であるように見えます。フェイスブックやグーグルなどの新たなデジタルメディアは、カント主義的な潮流が支配的であるヨーロッパでは、そこまで隆盛を極めはしませんでした。しかしアメリカでは広がり、力を持つ……その原因の一つは、文化的な砂漠状態なのです。

ケールマン　ええ、フェイスブックとグーグルに繰り返し抵抗しているのはEUですからね。そのほとんどはドイツ政府によって始められたわけですが、ドイツの場合、政府は必ずしも自発的ではなく、国民からの強い要望に反応してやっているわけです。ドイツは、歴史的な経験から、大企業がやろうとしている情報管理プロジェクトに対処する方法において、アメリカとは大きく異なりますね。それについてはあなたの言う通りです。

もともとヨーロッパには課題があります。ヨーロッパという地域は、「情報の危険性」というものに、長らく直面してきた歴史があるのです。ヨーロッパで起きた第一次世界大戦から第二次世界大戦に至る三〇年にもおよぶ闘いは、本質的に印刷機の発明の結果として起こりました。これは完全に忘れられることのない経験なわけですが、アメリカの歴史にはこのような形での戦争の経験がないのです。

ドイツ哲学への驚くべき無知

ケールマン　私は哲学の素人ですが、哲学には強い関心を持っていて、哲学者と語り合うこともよくありますし、ウィーン大学では哲学の勉強もしました。そしてアングロサクソンの文脈にあってはドイツ観念論が拒絶されているだけでなく、全く認識すらされていないことに驚いたのです。文学について学ぶときに、シェークスピアもダンテも読まずに、「それは必要ありません」と言っているようなものですから。素人が決めつけることには慎重でなくてはならないと思いますが、私はアングロサクソン哲学が、ドイツ観念論にもう少し取り組もうとすることは全く悪くないことだと、強く思っています。

ガブリエル　ええ。数週間前、トマス・ネーゲルとランチをしたのですが、彼はいつものように私に、ドイツ観念論が「心の哲学」にどのような貢献をすることができるかと問うわけです。探検家のように目を大きく見開いたネーゲルは、新しい質問をしたいと言いました。現在存命中でもっとも有名な哲学者の一人である八〇歳の老人は、この最新の疑問を「存在の問題」と呼んだのです。彼の問いは、「主体であるとはどういうことか」というものでした。「どうして彼自身が、トマス・ネーゲルであるのか？」というわけです。

そこで私は彼に言いました。「ああ、トム、あなたは存在の問題を発見したのですね」

と。ハイデッガーが『存在と時間』で言っていることを彼に説明したのです。すると、彼は言いました。「『存在と時間』はもちろん読んだことはありませんが、面白そうですね」と……。哲学科の第一学期で学生が習うことを、アメリカでもっとも有名な客観性理論家の一人が知らずに、好奇心旺盛な子供のようなまなざしで、存在の問いを立てるわけです。

ケールマン　驚くべきことですね。哲学的な破局と言うべき事態かもしれません。私の親友にイギリスの作家アダム・ファーウェルがいます。彼の家のキッチンでよく話をしました。彼は哲学をよく知っており、私たちは大陸哲学と分析哲学の分裂について話しました。アダムが突然言いました。「ねえ、わかるかい？　もし私たちが哲学者だったら、きみはドイツ人で私はイギリス人なのだから、きみはいま私のキッチンにいないし、こんな話をするようなこともなかったんじゃないか？　だって、こんな会話は生まれないから」。彼は全く正しいのです。これは本当に、衝撃的で残念なことです。

もちろん、アメリカの側からも見ることができます。私はウィーンのコンラート・ポール・リースマン教授のもとで多くのことを学びました。彼はニーチェの偉大な専門家であり素晴らしい文化哲学者でした。私はしばらく前に彼と食事をしていて、二人の偉大な意識のあり方に関する理論家、デイヴィッド・チャーマーズとダニエル・デネットについて尋ねました。名前は聞いたことがあると彼は答えました。……それはそれで悲惨な状態です。

ガブリエル　そうですね、ご存知のように、私の哲学者としての仕事はまさにこの溝を埋めることを目指しています。

文学は道徳的であるべきか

ガブリエル　芸術は「架空の構造」を生み出す力を持っています。そしてもちろん、このことについては古くから議論があります。一つの考えは、芸術や文学は何らかの形で倫理的または道徳的でなければならず、倫理的教育に貢献することができる、というものです。あなたはあなた自身の文学作品をどう見ますか？　人間の内なる心の叙述には、現代倫理にとっての可能性がありますか？　それとも、文学の世界は倫理的な基準に支配されないものであるべきだと考えますか？

ケールマン　とても難しい質問ですね。私自身は最終的な答えを持っていません。まず、文学には直接的な倫理的要求はありません。文学は、道徳原理を理解させ、読者をより善良な人々にするという直接的な強制力を持っていないのです。いずれにせよ、執筆するときに意識的、意図的に追求される目標ではありません。その意味では、私は美学の問題に関して、ドイツ観念論の伝統、特に、カントの「無関心の満足」についての観点から影響を受けています。

一方、カントを注意深く読むと、「無関心の満足」の場合には自然美について語っていて、芸術となると、「付随的な美」について語っていることがわかります。特に「崇高な美」についての一節ではそうですよね。彼が言うところの「付随的な美」とは、常に個人的な興味と結びついていて、その興味は道徳的なものであるという事実を特徴としています。つまり、人間の状況に関しては、カントは、私たちが道徳的に完全に無関心になることは決してできないと言っているのでしょう。ですから、私たちは人間として、この無関心を完全に受け入れることはできません。それはつまり、文学と道徳が非常に複雑に混ざり合っているということです。

文学には明確な道徳的目標を持たせるべきではないと言っても、他方で、たとえばホロコーストを擁護する、とんでもなく上手に書かれた文学作品はあるでしょうか？　私の答えは「ノー」です。実際には不可能だと思います。芸術的な観点から人々を感動させるけれど、道徳的にあらゆる点で絶対的に不快な目的を獲得しようとする本を書くことはできません。つまり、これは、美と善はすでにつながっているけれども、それは背景に潜んでいて見つけるのは難しい、ということを意味しています。もちろん、よく言われているように、重要な芸術作品を書いた不快な人たちもいますが、これらの芸術作品を作ろうとした行為においては、彼らはそれほど不快な人たちではなかったのだと思います。

芸術は感情移入のトレーニングだということを示すのが一番簡単だと思います。人々が小説を読み始めた結果、社会の暴力は減少しました。小説とは、常に他人の目を通して世界を見て、別の世界とはどのようなものかを想像するためのトレーニングだからです。

誰であれ、拷問者にもなり、殺人者にもなり、また恐ろしい人間にもなりうるのですが、世界を別の人間の視点から見ようとすることは、常に道徳的な行為なのです。

ガブリエル　あらゆる複雑さにもかかわらず、すべての倫理の原則は議論すべきではありません。功利主義はナンセンスです。倫理は一つしかない。それがカントの倫理学です。

哲学におけるドイツと英米の間の溝について共感する2人

ケールマン　そう言ってもらえるとうれしいです。

ガブリエル　カントがそれを発見したのです。これも哲学的文化の問題であることを認識しなければなりません。相対主義もあります。相対主義によれば、どの見解も同じように有効です。そんなはずはありません。ニーチェは相対主義の問題をうまく処理できていませんし、功利主義者たちは自らの相対主義を隠しています。倫理を根本的に理解したのはカントだけです。そこに議論の余地はありません。ニュートンが重力を発見したように、カントは「定言命法」を発見しました。

「人間性が常に自分自身と相手の両方に必要であるように行動することこそが目的であり手段である」。カントはまさにそのことを主張しているのです。私が意識を持っているということは、人格として、他者が目に見えるということです。カントは人格の中に人間性があると考えました。あなたには人間性があり、私にも人間性があります。人間性とは視点の豊かさを意味します。

あなたの人間性は、別の立場からはどう見えるかを想像できるということです。私の人間性は、あなたのことを想像できるということです。それは、カントが「意志」と呼ぶ、さまざまな視点を管理する能力のことです。善と悪の二種類の意志があります。善い意志とは、両方の視点が維持されるように意志を管理することです。悪い意志とは、私の見方があなたに不利になるようにするということです。

こうしてカントは「法の支配」という概念を導き出しました。法の支配とは、判断を下すことを機能とする制度体系であり、私の自由の限界はまさにあなたの自由が始まるところにあるのです。これが公正な形です。それ以上知る必要はありません。

ケールマン　いま面白いことに気づいたのですが、これは文学批評の素晴らしい方法でもありますね。もし文学が美的観点の管理でもあるならば、悪い文学やある種の悪い文学は著者の視点が実際に想像すべき他の人の視点を完全に無視しており、その結果、壁に突き当たっているということになります。

他者の視点を考慮しない文学は悪い文学です。著者は自分のことだけ語っているにすぎません。それは当然として、倫理的な側面はさらにずっと重要で、それは文学的な面も持っているのですね。

普遍的な倫理の概念を打ち出す

ガブリエル　そのとおりですね。このことは忘れられていて、その結果直面しているのがグローバルな文化相対主義です。ロシア人、日本人、キリスト教徒、ユダヤ人、それぞれの価値観があることになってしまいます。倫理の普遍性という観点から考えれば、これは到底受け入れられないものです。本来「価値」とは、「日本的」とか「ロシア的」とかいう形容詞がついてはいけない語なのです。これはヨーロッパの課題かもしれませんが、取り替えのきかない、普遍的な概念を打ち出さないといけないでしょう。功利主義ではだめなのです。

カントの議論からすぐに、人々がそこに帰属しているというだけの理由で、自動運転の自動車や爆撃機を持ってはならないということがわかります。

ケールマン　自動運転も、ですか。

ガブリエル　もちろんです。私が自動運転の自動車を持っていたとしましょう。そうすると、あの有名な「トロッコ問題」が生じますよね。止められない車は三人の老女へと向かうのか、それとも三人の子供へと向かうのか……。切迫した状況で、その瞬間、選択を迫られるというあの問題です。そのとき、車は誰を轢《ひ》くのでしょうか？　そして、自分のソフトウェアでどんな決定でもプログラミングするとき、ある人は他の人よりも価値があると言わなければならないのです。そのような判断は、悪い判断です。不道徳な機械をプログラミングすることになるのです。この道徳的な問題に対する解決策はありません。道徳的なジレンマはありません。ただ、自動運転の自動車を作ってはいけないということです。

ケールマン 説得力があります。

ガブリエル ありがとうございます。

ケールマン ここに正しい判断はありませんね。その代わりに、どの文化においても、実際に文化的に、相対主義的に異なる決定になるでしょう。

ガブリエル ええ、どちらの人間が殺されるかという。

ケールマン ヨーロッパやとりわけアメリカでは、子供は生き残らねばならないと言いたくなるのに対して、アジアの多くの文化では、老人のほうが価値があると言いたくなるのは、ステレオタイプですが、有名な話ですね。

ガブリエル そういう感じになるのでしょうね。

ケールマン これは相対主義であり、誤っています。

ガブリエル インドでは、男性ではなく女性が死ななければならないと聞きます。サウジアラビアもそのようですね。ドイツでは平等にしなければならないと言われています。

倫理の観点から、普遍性を再認識する必要があります。相対主義を広めようとする偽科学によって騙されてはいけません。しかし、いま、普遍性は失われつつあります。これはまだ一般には気がつかれていない、哲学の危機にも関係しています。たとえば、オックスフォード大学の功利主義者が「カントを読んでいない」と言うのならば、その人は失格です。物理学会で私が「量子力学は問題ではないし、シュレーディンガーは知らない、私はまだニュートンが好きだ」と言ったら失格になるのと同じことです。

ケールマン　しかしそうなる可能性はあります。なぜなら私はアングロサクソンの哲学者との対話で、そうした状況を過去に経験しているからです。何よりもドイツ観念論に対する拒絶のようなものを感じます。これにはいつもショックを受けています。

ガブリエル　そのような分断を私はなくそうとしているわけですが、限界がありますね。

ケールマン　あなたの取り組みが成功することを心から願っています。

ガブリエル　私はこの試みを一〇年間やってきて、ある程度の進歩はありました。もちろん今日では、ドイツの文脈から考えても、世界史的な新しい状況が生まれていると言わざるを得ません。第二次世界大戦で明らかに示されたのは、ドイツ基本法に謳われているカントの「人間の尊厳」という概念が真だということです。私たちドイツ人は、それを学びました。私たちはこの点に関して別様に考えることができません。これは一つの明確な、道徳的な進歩だと思います。私たちが現在、アメリカやイギリスでこのような恐ろしい道徳的状況を経験している理由の一つは、カリフォルニアに突然現れた高度なプロパガンダ・システムのせいです。彼らはこの危険性を理解していなかったのです。

ケールマン　人間の尊厳という概念ですね。

ガブリエル　たとえば、人間の尊厳という概念は、言論の自由よりも上位に置かれなければならない。マーク・ザッカーバーグは当初、ホロコーストの存在を否定するメッセージをフェイスブック上に広めることも問題ないと主張していました。彼ははっきりそう言っていたのです。ヒトラーがフェイスブックをやってもいいことになると。私たちはいま、史上最大のプロパガンダ機関で、地球上でこれまでで最大の出版社の出現に直面しているのかもしれません。

ケールマン　それに加えて、あまりにも大きな問題である言論の自由の概念は、一見したところ無関係な事柄を正当化するために、突如として利用されることがありますよね。有名なシチズンズ・ユナイテッド判決〔選挙前の一定期間にテレビコマーシャルを流すことを禁じた法律が、言論の自由に反するとして違憲判決を受けた〕を例に挙げると、アメリカでは、事実上無制限に選挙運動にお金を使うことができます。

個人でもない、金銭を支払っている企業の言論とも言えない行為が、「言論の自由」の名のもとに、最高裁判決によって保護されることが決まったということです。言論の自由の過激な解釈を突如として用いることで、民主主義では保護できないものを突然保護できるのです。これは、アメリカの民主主義における最悪の展開の一つです。

カントに帰れ

ガブリエル　そうですね。これらの現象は、私たちが「自由民主主義」と呼ぶものが、なぜ私たちが支持する価値体系なのかということを理解して初めて解決できるものです。

リベラルな民主主義が、一定の規則性を持って市長や首相の選挙を行うだけのものであれば、意味はありません。しかもそれでは、中国の選挙システムに反対することもできないでしょう。中国の国家資本主義のほうがうまくいくでしょうからね。

もしリベラルな民主主義が、単にグローバル資本主義のソフトウェアにすぎないならば、それは消滅することになるでしょう。なぜなら、それは中国の国家資本主義よりも悪くなる可能性があり、したがって生き残るチャンスがないからです。自由民主主義が存在するためには、それを支持する積極的な議論が必要です。そのような議論はあるでしょうか？

人種差別に反対する議論は？　人種差別主義者を殴るのはいいことだとは思いませんが、では、差別に反対する私たちの主張とはどのようなものですか？　単にそれを好まないから、というだけでは不十分ですよね。

ケールマン　カントに繰り返し立ち戻ることは、役に立ちますよね？

ガブリエル　その通りです。ええ、これらは最良の議論ですね。人種差別に反対する功利主義的な議論はありません。

数字になるとすぐに分が悪くなります。倫理は、量とは何の関係もないからです。一人を拷問するか、一〇人を拷問するか、それは道徳的には、同等に非難されるべき問題です。

ケールマン　はい。

ガブリエル　殺すのが一〇〇人だからとか、多いから悪いというわけではありません。

ケールマン　その通りです。私たちの道徳的直観もこの考えを支持しています。なぜならこの有名な現象が存在するからです——実際に測定可能であれば、同じ犯罪でより大きな犠牲に直面すると、被害者への共感はむしろ低下するのです。

ガブリエル　文学、哲学、分子生物学をはじめ、政治や経済学、つまり、人間の自己理解のすべてのメディア、人間の自己理解のプロセスに関わるすべての関係者が協力して、普遍主義的な基盤をつくり上げなければならないということに、私たちはみな同意すると思います。なぜなら、もし私たちがこうした目標を失えば、道徳的な進歩は頓挫し、相対主義によって、私たちは独裁政権に敗北することでしょう。

ケールマン 多くの人にとって、どこへ行けばいいのか、何をすべきなのか、何をすべきでないのか、という難しい問題がたくさんありますよね。その答えは、難しいとはいえ、「カントを読め」ということですね。そこに役立つ事柄が書いてあるのですから。

ガブリエル 全く同感です。みなさん、カントとフィヒテを読んでください。そうすれば世界は良くなります。

Ⅵ章　カラフルで複雑な民主主義へ

——張旭東×マルクス・ガブリエル

張旭東（チャン・スートン）
Zhang Xu Dong

比較文学と東アジアの研究を専門とするニューヨーク大学教授。北京大学卒業後、デューク大学で文学博士号取得。批判理論を軸として、モダニティとアイデンティティに注目しながら、グローバル化の時代における文化の政治学を専攻している。北京大学にも籍を置き、東京大学との研究ジョイントプログラムで来日経験も多い。著書は*Cultural Politics and the Chinese Way*（文化の政治学と中国の方法）などのほか、東京大学の中島隆博氏らとの共編著もある。

「近代」はヨーロッパのものではない

張　ニューヨークへようこそ。今回はとても素晴らしい機会ですね。

あなたはドイツから訪れていて、私は中国系です。私たちはニューヨーク大学の文学部の建物の中にいて、日本のテレビ取材班を相手に日本、アジア、ヨーロッパ、そしてアメリカについて話そうとしています。この機会そのものがグローバル化した人文学、思考、そして文化交流を表していますね。

日本、ドイツ、そしてアメリカについて考えるとき、私が最初に思い浮かべるのは近代化です。これらの国々は近代社会の驚異的なサクセスストーリーを体現しています。

あなたはこのサクセスストーリーを、もう過去のものだと思いますか？

ガブリエル　私は、どちらかといえば人類はまだ近代化と闘っていると考えています。ポストモダンがやってくるとか、近代化が何らかの形で終わりを迎えるとか、そういうことは現実には起こらなかったのですから。そうした考えは一九九〇年代の幻影だったと考えています。

当時は、フランシス・フクヤマが思い描いていたような形で、近代に取って代わる新しい世界を望む感覚が世に流布していました。しかし、その計画は上手くいきませんでした。

彼自身が最近の著作『アイデンティティ』で認めたように、それは当時起きた出来事についての誤った解釈にすぎなかったのです。

私たちはまだ近代の世界にいると思いますが、ただし、いまでは異なるプレーヤーとより多くの視点が存在します。一九世紀のハイ・モダニティも、非常にグローバル化された領域ではありましたが、当時の近代性は、たとえば植民地主義やあらゆる非対称性や、世襲といった、今日では明らかに受け入れられないものに依拠していましたからね。

張 我々はまだ近代という時代にいるけれども、グローバル化した近代には、より多くのプレーヤーが参加しているというのが興味深いですね。

では、あなたに質問させてください。量的な変化が質的なものに変わるポイントがあると思いませんか？　一九世紀から二〇世紀にかけて、産業化というもっとも単純な意味での近代化は、ドイツの技術、日本の工業、アメリカの軍事力といった形で実現されていきました。

その力は、中国のような場所では崇められ、神秘化されてきました。二一世紀になると、中国の産業化もほぼ完成してきました。いま中国は、こうしたさまざまな工業的生産能力の過剰分をアフリカ、アジア、そしてラテン・アメリカへと輸出しています。私たちは次なる産業化を目の当たりにしています。もちろん、このグローバルな産業化も、ある意味、私たちが近代化をいまも続けているという形で、論じることができます。

しかしその一方で、同時にこの工業化の相対的な完成が、近代化から多くの神秘性を取り除くことにもなるのではないかと、私は思うのです。つまり、ヨーロッパ中心主義で、直線的で、神学的で、ヒエラルキーにもとづいた意識を生み出す近代観からの脱却です。

西欧的でない「近代」について語り始める2人

ガブリエル　その通りです。それは間違いなく起きていると思います。ここ二、三〇年の間で「複数の近代性」について論じるべきだと気づいた人々が大勢います。中国の新しい近代を前にして、ヨーロッパ中心主義的なものはもちろん完全になくなりましたから。

この時代の人は誰も、近代を特にヨーロッパのプロジェクトであるとは理解しないでしょう。近代は「ヨーロッパとは何か」ということに由来していますが、ヨーロッパの定義そのものが疑問となってきていますからね。

ですから、たとえばいまヨーロッパ、あるいはヨーロッパの科学というものがあるなどと本気で言うことは誰にもできません。そのような考えはもはや意味をなさないのです。

このことは、アジアが現在もっとも複雑な社会構造を持っているという認識によるところが大きいと思います。いま地球を分割したならば、明らかにアジアがもっとも複雑で、ダイナミックなシステムです。これは「創発特性」を生み出します。つまり量から質への移行が起きている。アジアは、カントや他のドイツの思想家によって認識された近代観に挑戦しています。カントとヘーゲルは、アジアが近代化のホットスポットになるとは想像できませんでした。それを考える余地さえなかったでしょう。

張　そうですね。たった数十年前でさえも、日本人でもシンガポール人でも、東アジアの人間は自分たちが「未開人」であるというイメージと絶えず闘っていました。マックス・ウェーバーの理論、資本主義の精神、そしてプロテスタントの倫理のなかに、自分たちをどう位置づければいいというのでしょうか?

でもいまや、アジア人はウェーバーに、「いまの私たちの成功を見てごらんなさい」と言いたいことでしょう。儒教が、プロテスタントの倫理に代わる、信頼のおける資本主義の代替倫理であると思い始めているのかもしれません。すなわち、私たち東アジア人は自分たちがクリスチャンではないこと、プロテスタントではないことがわかっていますが、それでもその文化は、資本主義と共生できています。

近代化には特定の文化や精神が必要だと、誰が決めたのでしょうか？　産業化という意味においては、世界はすべて、近代的だからです。近代はもはやこれ以上挑戦すべき課題を失っているのです。世界の一部の地域ではまだ貧困に向き合っていると思いますが、ヨーロッパのプロテスタント的資本主義の物語は過去の遺物になっています。いまや、より民主的なバージョン、より包括的で多元的なバージョンの資本主義の発展を私たちは目にしています。

ガブリエル　ええ、恐らくそうだと思います。問題は、この発展を推進する文化的なものが何かあるのか、ということです。単に容赦ない唯物論的、非弁証法的、非歴史的な近代化なのか？　これはほとんどすべての場所で人々が心配し、考えていることです。つまり、資本主義システムはいまや、それぞれの地域にある文化的アイデンティティから自律したものになったのかもしれません。

では、私たちはなぜ、そしていつからそうした自律性を、テクノロジーに属するものと見なすようになったのでしょうか。これはここ最近の傾向だと思います。一九六〇年代に人々は人工知能を自律したものだとは考えていなかったはずなのです。しかしいま、自動走行車が走り、自律兵器が脅威となっています。こうした技術が、突然、自律的になったわけですね。これはある意味、文化的アイデンティティのない近代化の経験に対応する現象とも言えるのかもしれません。

張 そこで「ポストモダン」の概念が役立つのではないでしょうか。「ポストモダン」という用語は、近代の概念を置き換えるとか、それに異議を唱える概念というのとは別の意味を持っています。あなたの言うように、「近代」は依然として非常に重要なカテゴリーで、私たちはそれを乗り越えてはいません。しかしそれにもかかわらず、「ポストモダン」の概念は、時代区分や差異、可能性をあらためて考えるとき、有効なカテゴリーの一種と言えるかもしれません。近代の神秘性を取り除き、その脱本質化に役立つという意味でです。

新しい考えによって古い概念を振り払うこと、または、不安を生み出し従属関係やヒエラルキーなども生み出す「古い近代」という概念を振り払うこと。もしかしたら、より近代的なことを考え、近代の根本的な問いを考え続けるための最良の方法は、まさしく「ポストモダン」の新しいカテゴリーを構築し、その新しいカテゴリーを通して考えることによって可能となることなのかもしれません。

ガブリエル　なるほど。では、ボードリヤールのような高度な「ポストモダン」理論を引き合いに出しましょう。私たちがいまボードリヤールを読んだら、それは現代において何が起きているのかという疑問に対する最良の説明のように思えます。ボードリヤールには先見の明があったのではないかと思う人がいるかもしれません。なぜならそのほとんどの記述が、彼が思考していた時代に起きていたことについてではないように思われるからです。そして、典型的な「ポストモダニズム」に分類される、または関連づけられる多くのフランスの理論家たち……リオタールからボードリヤール、そしてデリダまで、これらすべての近代についての考え方は、完全に正しく物事を捉えています。そして、彼らの指摘していた現象は、いま、激化しただけなのです。

ただし、彼らが全く想定していなかった思わぬ展開もあるでしょう。その一つが、今日の自然科学の位置づけの問題であり、それと人間の関わり方の問題です。なぜなら、彼らは特にテクノロジーについては、単なるシミュレーションであり、一種のイデオロギーであり、本物ではなく、単なる幻想の機械を生産しているとさえ考えていたからです。

その意味において「ポストモダン」の理論家たちは、近代に頼ることなく、何らかの方法でそれらを克服しようとします。なぜなら、彼らはみな、近代には何らかの問題があり、必ず大虐殺や世界大戦といったことにつながると考えていたからです。彼らには科学哲学がありません。それは驚くべきことです。デリダは科学について一度も発言したことがありません。ボードリヤールもあまり言及したことがありませんよね。ボードリヤールは量子力学において現実に起きていることと自分のシミュレーションに対する考え方との間に深い関係性があるとは考えていないのです。

しかしいま私たちは、こう言うことができます。科学もまた、新しいグローバルな領域について何かを教えてくれる、と。科学と技術は発展しています。私はこの発展を古典的な「ポストモダン」な理論で分析しようとは思いません。「ポストモダン」において、文化は考えることができますが、科学についてはどうでしょう？　どうも抜け落ちているようです。もしかしたらそれが、現代における何か新しい指標なのかもしれません。

シンギュラリティ論のイデオロギー

張　それは興味深い指摘です。今日、科学とテクノロジーについて語るとき、ともすれば、テクノロジーにすべて征服されるかの如き、まるでこの世の終わりであるかのような見方がありますね。私たちはテクノロジー、ロボット、ＡＩに取って代わられるため、人間性が無意味になるという……「シンギュラリティ」に到達しようとしているという言説です。

あなたはこのようなシンギュラリティについて、意見や特定の立場がありますか？

ガブリエル　私は、シンギュラリティの考えは明らかに誤っていると思います。この、とても単線的で目的論的な現代の物語を支持するすべての議論と論拠には、どれも不備があります。

結局のところ、シミュレーションやシンギュラリティの議論は、懐疑論者の仮説によく似ているのです。彼らは私たちに論理的な可能性を提示しますが、論理的な可能性だけでよいのであれば、それは無限にあるでしょう。

また、彼らはどうやって現在の製造法でＡＩが自律的になり、たとえば自身の製造過程や製造前の状態といった制約から自由になることが可能なのか、教えてはくれません。つまり、コンセントを抜くことができるかどうかについてはさまざまな議論があるのですが、私はしばしばこういった人たちにそのことを指摘しています。

すると、彼らはいつもこう言うのです。超知能がそこに存在したならば、あなたはプラグを抜くことができない。彼らはそれを見越してしまうだろうと。でも待ってください、そうでしょうか？　動力装置がなかったら、人工知能はどうやって生き延びるのでしょう、そもそも人工知能が生きていればの話ですが。本当に人工生命、人工知能などというものが存在して、それが人間のレベルを超えて超知能的になったと想定してみましょう。それでもそれらは動力装置、電気を必要とします。それをどうやって維持するのか、ということですよね。つまりこの想定では電気を生産、再生産するロボットの部隊がまず必要となります。したがって本格的な『ターミネーター』のシナリオが必要になると思います。

張　そうです。それは基本的に、支配をめぐるSFですよね?

ガブリエル　ええ、まさにそれです。つまり彼らは、たぶん実際にはただ支配について考え、再考しているにすぎないのです。その意味で、この言説の背景には、実に歪んだイデオロギーがあります。

現代的な「創造性」とは

張　人間性、人間という概念……私たちの専門分野に近づいてきた気がします。しかしそこへ入り込む前にもう一つ質問させてください。

日本を見てください。日本はかつて工業大国でした。鋼鉄、戦艦、自動車、電子機器、ありとあらゆるものを製造していました。

ガブリエル　ええ、ビデオゲーム、ソフト・パワー、ハード・パワー、すべて。

張　日本は一九六〇年代から九〇年代の間に工業化を経験しました。現在も製造／工業大国です。イギリスやそしてアメリカに比べても。ともかく、すでに多くの産業を中国、東南アジア、その他の地域、そして時にはアメリカにも輸出しています。

彼らはクリエイティブですよ。若い世代は特に。お茶を作ったり、カプチーノを作ったり、小さな店を開いたり、彼らはやることすべてにおいてクリエイティブな傾向があります。それは、長期に及んだ大量生産よりも、デザインや想像力の概念に基づいています。デザイン、アイデア、創造性、研究といった新しい世界に関心を持っている人々は、これまでとは違った領域で競争しています。「新しい人間性」と呼ぶべき彼らの才能は、人間という観点からすると、よりクリエイティブなものなのでしょうか？

ガブリエル　それはとても興味深い見解です。私はそのような見方をしたことはありませんでした。たとえば私たちがニューヨークにいたとします。街中を歩けば少なくとも二層の際立った経験をします。一方にはひどい工業化があります。これは建築などに顕著で、都市建設の初期の層、そして〔対岸に見える〕ニュー・ジャージーの工業地帯などです。

しかし、この層は文化自体の中に、もう一つの層として現れます。たとえば剝き出しのレンガは、工業的な例としてどこにでも見られるものですが、この工業的なものがデザインへと融合していくさまは驚くほど創造的です。カフェやレストラン、ブロードウェイの舞台、美術館、ギャラリー、そしてブルックリンの街並みなどへ、工業的なもの〔レンガ〕が文化的な記号として拡散していることは、そのことを証明しているようです。

そして似たようなことは、ほとんどどこでも起こります。突然、創造性と人間と文化が中核となりました。しかし、その文化自体には特定の起源はありません。それはもしかしたら本当にグローバルな現象なのかもしれません。ハイブリッド〔＝混合、雑種〕とは違います。「ポストモダン」の文化の混合はハイブリッドで、うまくいきませんでした。ゴダールの映画のようにですね。ゴダールの映画では何も機能しません。メロディーもない、ハーモニーもない。すべての形がただそこにあるだけと私には思えます。

しかし、現在、美的レベルの発展は、明らかに新たな高い水準へと向かっているのです。工業と純粋な創造性の合成物は、ありのままの美という新しい形式を生み出しました。それは新しい美で、さまざまな所で見ることができます。日本もよい例だと思います。日本はそれに溶け込むさまざまな形を私たちに与えたからです。映画のレベルでは、明らかに黒澤なくしてゴダールはありませんでした。

少し前の形式ですが、それと同様にビデオゲームやマンガといったさまざまな形で私たちはこの新しいリアリティを見ています。ですから、私たちは間違いなく美という問題を再考すべきだと思います。美は再び理にかなったものになっています。

張　確かに美は大変重要なカテゴリーです。しかしここで問題となるのは、社会的内容、歴史的内容、実体としての美しさです。これは、依然として、資本主義に囚われていると いうのも、ひとつの解釈の仕方だと思います。言い換えれば、資本主義的競争によって強制されているもの、つまり本物ではなく、美しくもなく、創造的でもない物質生産です。

しかし、一方でもっとポジティブで生産的な側面も持っています。これは先ほどのあなたの発言を受けてですが、これは人的資源へのこれまででもっとも重要な投資になるかもしれません。たとえば教育、トレーニング、アイデア、想像力などへの投資ですね。

言い換えれば、私たちがまだ最初のモデル、すなわち資本主義市場競争の考えをそのまま借りるなら、今日の世界においては「人的資本」の制度のもとでの競争が行われているにすぎません。実際、ドイツや日本など今の先進経済諸国はみな、まさに人的資源という観点において進んでいます。教育、言語、文化、コミュニケーションといった人的資源の蓄積、生産、または再生産という観点において、扱われることになるのです。

日本語の寛容と日本の文化主義

張　日本は島国であり、単一文化の国として認識されています。しかし日本語はとても魅力的です。漢字があり、ひらがながあり、カタカナがあって、ひとつの言語の中にすでに三つのシステムがあります。そして言語そのものが本質的にオープンです。ある日本の歴史文書は、自分が中国人としてそこにある漢字をすべて読み取れば、それだけで、日本語を学ばなくても日本の文書が読めると期待してしまったほど、漢字ばかりのものでした。これはうまくいかなかったのですが。とはいえ、今日ではその割合こそわかりませんが、多くが西洋から輸入された語彙であるため、もうそうした期待は持てません。

日本語はその設計上、外国語を、翻訳することなく自動的に吸収します。外国語が実際に日本語の中に存在するのです。その一方で中国語では、必ず外国語を翻訳しなくてはなりません。それが中国語のシステムで意味をなすものにするために、外国のものは否定しなければいけないのです。私は考えていたのですが、日本語はそれ自体で根本的な他者性を保持し、「他であることの一つのモデル」として存在するようです。この言語的な可能性はとても興味深いと私は思いました。

ガブリエル　ええ、それはとても興味深い点です。それは私が中国語の勉強を始めたときに最初に驚かされたことの一つであり、言語の美しさでもあります。すべての言語にはそれぞれの特徴があり、上手くなるほど、しゃべれるようになるほど、良さがわかるようになって、さまざまな視点から評価できるようになります。私は中国語をそうした理由から信じられないほど美しいと感じました。そして恐らくある種の簡単な説明は、あのように一二億人の話者がいて長い言語的歴史があったなら、それ以上に上をいく必要はないということです。いつでも十分な話者がいます。中国には十分な内部の多様性とカオスがあるのでその必要性がないのです。それは恐らく歴史の影響なのかもしれませんが、中国人はその多様性とカオスをパワフルに展開し生かす力は並外れています。また、翻訳によって私たちの概念を変える可能性もあります。つまり、私たちの時代では明らかな例の一つですが、コンピューターを「電脳」としてイメージしたとき、それは脳を生物学的な存在として考えるのとは、全く異なるということです。

張　中国にはコンピューターの翻訳語がもう一つあります。「計算機」です。つまり二つの概念があり、内面で分離されています。一つは「脳」で、もう一つは「機械」です。

ガブリエル　たとえば、哲学を行うときに英語で使用する一つ一つの概念に対して、中国語には少なくとも五つの概念がありますね。そして、どの状況で何を使用するかを本当に理解するには、多くの専門知識が必要になります。非常に複雑な作動信号システムのようなものに組み込んでいく必要性、私はこれが本当の中国語の複雑さだと思います。デリダや数多くの哲学者が中国語に魅了されたのはそのためだと思います。

張　しかし中国語を見ると、この言語システムが意図的に、または偶発的に、中国を自己完結的なものとして創造するようにも思えてきます。

ガブリエル　ええ、恐らくそうだと思います。

張　つまり、これが中国で、そしてその他の世界がある。中国の宇宙と他の宇宙を隔てる万里の長城は常に存在するという意味です。それに対して日本語は、固有の寛容さを持っています。それでも、同時に、強い日本の独自性の文化的現象があることは恐らく誰も否定できないでしょう。

ガブリエル　ええ。そしてそれは、とても強いものですね。

張　中国より強いと思います。中国は伝統的であることで知られていますが、その文化形成の歴史を見ると、実際には一貫して、世界でもっとも因襲を破る国家です。中国は、新しいものを作るためならば古いものを壊すことをためらわなかったからです。この自己改革への意欲は、恐らくある程度の自信に基づいているのでしょう。何をやったとしても中国の伝統の歴史に残るのだという自信です。これは中国の領域であり、この時空を占める者は誰でもそれを再発明する立場にあると。まるで昔の皇帝や学者が何度も中国や儒教や中国の詩を再編成したように。そしてここに、「不連続性の連続性」を見ることができます。

中国語における概念の多様さを指摘する

その一方で、日本は多くの意味で特定の、ほとんど自然化された日本性の概念に執着しますね。日本のロマン主義、自然主義、天皇制、日本文化など。これらはすべて、歴史化や政治化に抵抗することができる、一種のやや強いアイデンティティを指し示しているように感じます。日本には、ほとんど絶対的といってもいいような連続性がありますね。

ここにヨーロッパの視点を入れるとどうなるでしょうか。ヨーロッパは中国と同じくらい古いイメージがありますが、たとえばアメリカと同じくらいモダンでもあります。私たちが何者であるのかというこの政治化された概念について、どのようにコメントしますか。

ガブリエル　もちろん、ドイツはかつて日本のようでした。なぜならドイツは最近まで、一八七一年まで国民国家ではなかったからです。そしてそれは再び変わり、現在の国境を持つドイツは一九八九年から存在しています。その意味では、ドイツはとても若い国です。現在のドイツは第二次世界大戦後、明らかな理由から、とても多様性に富んだ状況が続いています。ドイツは、まさに多様な移民国家になりました。ドイツはアメリカから多くのものを模倣したわけですが、日本は抵抗したのかもしれません。

張　アメリカ人主導の改革を受け入れたのにもかかわらず、ですね。

ガブリエル　その通りです。彼らには天皇がいます。ドイツには天皇がいません。たしかに、私たちはベルリンにあるプロイセン城を再建したばかりですし、政治上の動きやベルリンの成り立ちを含めて、プロイセン絡みのことは数多く起こっています。しかしドイツは、安定したアイデンティティのような独自の伝統を拒否することに非常に前向きです。ドイツはとても流動的です。

その一方で特にフランス、イタリア、そして他にもポルトガルやスペインといったヨーロッパの南部は、そういった意味ではまだ日本に似ていますね。

張　つまり、より文化主義的ということですか。

ガブリエル　彼らは非常に文化主義的です。イタリア人にとって、それは当然のことです。だからイタリア人は、ドイツ人が好きではなくなったのです。イタリアはドイツに何の興味も持っていません。彼らにとってドイツ、それからドイツと似ているオランダは、もう問題外なのです。ヨーロッパには現在、南北と東西の二つの分裂があります。そしてどちらの分裂も、このアイデンティティの問題に絡めてうまく説明することができます。ヨーロッパ全体としてのアイデンティティはありません。ヨーロッパには、ヨーロッパ人でいるべきだという意見の一致はないのです。

「ヨーロッパ」なるものは、一時期文化的な現象としてある程度存在し、それがヨーロッパを一種の博物館として訪問者にとってしばしば魅力的なものとしていたのだと思います。ヨーロッパが持っているこの博物館的な側面、それは日本にあっては京都のようなものかもしれません。しかしドイツは、まさにそれを破壊してきたのです。端的に言えば、ドイツは今世紀になって文化革命を経験しました。

張　なるほど、面白いですね。

ガブリエル　中国と似ていますね。ドイツはさまざまな理由から中国に愛想を振りまき、その上で中国の産業化において重要な役割を果たし、そのことによって潤いました。なぜドイツは経済的にも今でも順調なのか？　それは何よりも、中国に投資しているからです。ドイツの鉄鋼業はこれまで一度もアメリカで産業化されたことがありません。アメリカはドイツのマーケットではないのです。

ドイツは非常に資本主義的でグローバルな国ではありますが、日本と同様、世界を支配するには小さすぎます。もしヨーロッパが一つであったら世界を支配できたのかもしれません。しかしイタリアのような、一部のヨーロッパの国はどちらかと言えば自らの文化に固執する傾向がありますから、それは絶対に起こらないでしょう。彼らは可能ならすべての観光客をいますぐ追い出してしまうことでしょう。絶対に観光モデルとしての運用はせず、驚くほどハイ・カルチャーな美しい空間を保つことのほうを選ぶでしょう。それが彼らの求めていることです。フランスもイタリアに似ています。そのため、ヨーロッパにはいまアイデンティティについてのきちんとした物語がありません。

その結果、現在のヨーロッパの戦略、地政学的な戦略は、隠れることとか、身をひそめることになっています。たとえばアメリカは中国に向かって叫んでいます。逆もまた同様に。それに対してヨーロッパは、ただ身をひそめて、大国が争っている間に、誰にも自分たちの行っていることが気づかれないことを願っている、というわけです。

張　それは非常に興味深い話ですね。

「日本らしさ」――極端なオープンさと裏腹の同質性

張　日本の話に戻りましょうか。日本はこれまでに、さまざまな賢人たちの思想や建築、政治制度、そして言葉さえも、中国からたくさん輸入してきたと言って間違いありません。そして日本の優秀な学生たちは、西洋の科学技術や知識を自国へと輸入し続けてきました。その先駆けとなったのはオランダで、続いてドイツ、イギリス、そしてアメリカからも、です。

しかしここで私は私なりの印象を持ったのです。そこで、あなたがこれについてどう考えるかを聞いてみたいのです。私は、日本におけるオープンさと、「日本らしさ」へのこだわりという二つの層は、なんらかの形で共存していると思います。日本は翻訳に関して実に超大国で、何でも翻訳してしまいます。東京の書店に入ってマルクス・ガブリエルの一連の著作を見つけるなんてことも起こりえます。大量の翻訳書があります。それはただただ壮大で素晴らしいことですが、その一方で、この極端なオープンさというものが同時に

「日本らしさ」、つまり自然主義的で文化的な傾向や、日本の美とその純粋さへのこだわりの現れになっているのではないでしょうか。これは矛盾しあう二つの特徴です。

一方ではとてもオープンで、海外から影響を受けます。けれども他方では、この唯一無二であること、唯一の日本らしさへの主張、こだわり、執着があるように感じませんか？

ガブリエル　まさに。私も日本に行ったときのことをよく覚えていますが、さまざまな点でフランスに似ていますね。そこには単一の文化に基づくとても強力な意識があって、それを構造として感じ取ることになりますから。あなたが日本へ、よそ者として行った場合、そのことがわかるでしょう。島国の中だけのコミュニケーションがあります。

日本社会は、民族的、文化的、伝統的に同質です。外国人はその一％に満たず、このレベルにおいては海外の影響がほとんどありません。他とは異なるという共通認識があり、外部から何かが来ると、この信じがたいほどに複雑で美しく独自な「単一性」に対する脅威として扱われます。そして脅威はさまざまな戦略的方法で内部へと取り込まれてゆく。

だから、絶対的にあらゆるものを受け入れる余地があるけれど、それにもかかわらずイメージは一定のままで、それ自体は実際には変化していないのです。たとえば、銀座のショッピングストリートで、最大級のルイ・ヴィトンの店にいるとしましょう。そしてその前を仏教の僧侶が通るのです……小さな鈴を鳴らしながら、ね。

張　着物姿の日本人がナイトクラブから出てきたり。

ガブリエル　これこそが、とても強力な「日本らしさ」ではないでしょうか。それを私は「心の可視化」と呼んでいます。そしてこれはまた、日本がとても上手にドイツ文化、つまりドイツの大学システムやドイツ観念論、ハイデッガーの現象学などを組み込むことができた一つの理由になっています。

張　たとえばイギリス。イギリス式マナーについて言えば、イギリス流のユーモア、そしてその控えめな表現はイギリスの特徴として今でも存在しています。でも、現代イギリスをこういったイギリスらしさにおいて定義することは、もはや不可能ですよね。なぜなら、イギリスは国内外ともに確固たる社会経済関係、権力関係によって確立された、世界的に歴史のある存在だからです。そして現代ドイツについても同じことが言えるでしょう。

ガブリエル　そうですね。これを言うとナーバスになる人もいますが、現代ドイツとは、「ドイツらしさ」の継続的な「脱構築」です。

しかし、ドイツにはある一つの層が存在もしていて、それは重要なもので、そして日本に似ています。ドイツと日本の間には多くの類似点があります。共有する記憶の文化や、同じ戦争に端を発する共通した文化的背景、忌々しい過去の記憶があることは自明です。ドイツと日本は現代史におけるある期間、日本の方が少し短い期間ですが、悪の存在であり、明らかに不道徳だったと誰もが言うであろう、確実な事例なのです。日本やドイツではもちろんのこと、内心でも口に出してでも、誰も大っぴらに「第二次世界大戦でもドイツと日本は素晴らしかった」なんて、恐れもせずに言ったりはしません。「良い面もあったんだ」などと誰一人として言わないでしょう。つまり、これは共通の感覚です。

このような文化は他にはないことですね。中国が毛沢東に関して、ロシアがスターリンに関して同じ態度を取ることはありません。ロシアが「本当にヤツは極悪だった」とは言わないし、中国も然りです。

張　原子レベルからの完全なる悪というものは映画や幻想の中の話であって、ファシズムは政治的集団心理です。ヒトラーや天皇への熱狂的支持がそうでした。そして、韓国や中国の植民地化などに賛同していたのです。それは常軌を逸していることでしたよね。

ガブリエル　しかし、それが、実際に当時多くの人々が持っていた幻想なのです。

張　しかしこの集団心理は、政治的なものであっても、文化、日常生活、そしてまた経済活動を行う社会的組織などから発生しています。

それは戦後も残されました。日本の経済競争力が全盛だった頃、アメリカは日本に追い越されることを強く懸念していました。そのとき、日本の資本主義の反則を指摘したのです。「それは自由競争に基づいていないじゃないか。家族、チームワーク、そして文化や倫理、そればかりじゃないか。これは新たなタイプの文化的に異質な資本主義だ」と。

これはほぼ中国の資本主義システムの先駆者と言ってもいいかもしれません。それは国家資本主義で、そこには政府の助成金が介入し、実情はフェアではないのです。民主的でも、自由資本主義でもありません。

ガブリエル　そしてこの現象はそっくりそのまま、現在のドイツにもあります。「社会資本主義」と呼ばれるものです。ドイツはこのモデルを維持しながらアメリカを批判しています。もしドイツがグローバル資本主義を目指すなら、パラドックスが生じるでしょう。

どういうことか。人々は依然として、BMWを「ドイツらしい」会社だと考えます。真のグローバル資本主義においては、ドイツ製の車が「ドイツらしさ」の幻想と結びつけられることはないはずです。もちろん、ここにはもっともな理由があります。ドイツ製だとわかれば、より多くの車が売れるからです。

張　根本的な文化主義的な考え方が続いていますよね、世界中のどこでも。ただ、それはあまり生産的だとは思いません。文化主義に戻ってしまうのではなく、政治経済の世界で、もっとグローバルな流れが現れることに期待しています。

新しい普遍性へ

ガブリエル　それこそが次のステップですね。本当の意味での普遍主義を採用するための準備はほぼ整っています。みなが、共通の人間性という概念を築く用意が出来ているのです。もちろん、それはすでにある出来合いの普遍性ではありません。

私たちは今、スタートできる地点に差し掛かっています。そして、これはかつて存在しなかった新しい可能性なのです。中国の産業化がよい例でしょう。毛沢東に支配され、他に後れを取ってしまっているという問題はもう存在しません。つまり、世界全体が、新しい普遍性に向けたスタート地点に立っているのです。だからこそ私たちは、こういったトピックを今日のように議論することもできます。これまでになかったことです。

張　新しい可能性の条件として、テクノロジーや産業化や都市化も付け加えることができますね。そこに、普遍性をめぐる特殊な闘いが生まれつつあります。

ガブリエル　その通りです。普遍性には形式があり、形式は中身から独立していません。

これに関してはシェリングがとても興味深いことを言っています。彼の言葉に、「差異の中の絶対者」というものがあります。それは「差異の中にある」（in difference）普遍のものですが、「差異の中」の in と different をつなげて indifferent とすると、「無関心」ともなります。二語の単語の意味は絶対的な中立性にもなるわけです。これは面白い言葉遊びです。

私たちは異なるシステムを持ち、まさにそれらが普遍性を必要としていますが、これが普遍性という概念の発生する過程なのです。普遍性の概念は、理念として大勢がそれを追い求めて、最初にたどり着いた者が勝者になるというようなものではありません。むしろそういった集団の原動力、ダイナミクスは、お互いの間に隙間を作り出すのです。

つまり、普遍性とは、一つの個ともう一方の個の間の距離そのものなのです。それは個の隔たりの間にあります。人類はそうしなければなりませんし、そうしようとしている過程なのです。この隙間が今、見えるようになっています。この隙間を私は「中立」と呼びます。なぜなら中立とは、あれでも、これでもないもので、これこそが普遍性なのです。

張　中間に存在する、中立であるということは、だからストレスフリーだとか、政治的に重要性がないという意味ではありませんね。実際はとてもストレスフルであり得ますね。

ガブリエル　そうですね、ある意味、かなり張り詰めた空間です。

張　これはライバル間の競争の空間です。それ自身が不安を生み出すこともあるでしょう。普遍性の媒介である言語などのシステム、異なる概念や異なる価値体系は、かなり激しい競争へと発展することがありますから。

アメリカに広がる、中国の隆盛への不安は、その現れでもあります。そんな中、私たちが普遍的であると認めていることが試されているのです。そしてそれを万人が目にしています。アフリカ人、南米人、アラブ人、東南アジア人、みなが見ています。

そしてこれが一種の普遍性の新たなステージとなることでしょう。

ガブリエル　このステージの上で普遍性が発生しているのであり、これは全く新しい事態なのです。当たり前のことのように思われるかもしれませんが実際は違います。驚くべきことに、こうして生まれる普遍性に基づく公的領域に関する最初のアイデアを唱えたのは古代ギリシャのヘラクレイトスです。余談ですが、ハーバーマスに関する面白い事実があって、彼が探究し続けた公共性論の系譜ではヘラクレイトスを引用していません。つまり、ハーバーマスには、大切な所が欠落しています。

ヘラクレイトスはもともとこのアイデアを持っており、これは中国の老子の考えにも似ています。公的領域についてヘラクレイトスは厳密には、一つの闘争だと言っています。

それは変化し続ける川の流れのようだと。これこそがいま世界レベルで起きていることなのです。

そして今世界に広がったさまざまな不均衡のために以前はあり得なかったことが起きています。その状況にあって中国の隆盛はある役割を持っています。これは競争ではなく、カラフルで複雑な民主主義なのです。

張　現在、競争自体が多様化してきています。単一な競争の形があるわけではありません。誰がもっとも高いGDPを誇り、誰が最良の効率性を有するのか、という話だけではないのです。最近では、中国と日本の経済の大きさを比較すると、中国は既に日本経済の四倍になろうとしています。しかし、それにもかかわらず人々はエネルギー消費の効率性や創造性、発明や科学テクノロジーにしか関心がないというのではどうしようもありません。生活の質、そして幸福などによって、包括的に評価されることになるでしょう。

ガブリエル　そう、幸福も重要です。人々は幸福についてよく語るようになっています。

経済学者でさえも。

張　つまり、さまざまな異なる世界観が併存してきていますね。それはいい傾向だと私は思います。

ガブリエル　それは間違いありません。これは明らかに前進ですが、直線的ではなく、らせん状で、ダイナミックな発展です。明確なゴールはなく、すべての点をコントロールしている国もありません。

この新たな多元的な価値のありようは明らかに、より良いものです。普遍性というものは本来こうした状況から生まれるからです。普遍性は、異なるものの支配を必要とはしません。ここで起きていることはそうした支配ではありません。誰も支配することなどできないのですから。

張　私たちはお互い楽しまないといけないですよね。

ガブリエル　中国人とヨーロッパ人とアメリカ人が、三つの強大な競争相手です。ヨーロッパ人はよく知らないまま、中国の監視資本主義を悪だとみなしています。しかしドイツ人は、中国人と同じように企業や政府に観察されているんですよ。

張　米中間の緊張状態の高まりに関して言えば、私たちは興味深い時代に生きていますよね。貿易戦争が起きたことでみなが神経質になっており、中国のシステム、言論と学問の自由の欠如、そして政府がインターネットを管理していることへの批判が高まっています。

しかし、私たちの共通の友人たちが考察しています。この状況は、厳密に言って、欧米のシステムがやってきたこと、もしくは達成しようとしている多くのことを、中国がより一層推し進めたことによるのではないか、と。

つまり、中国はより効率的な大量生産を実現したのです。資本主義システム内の競争が増大したことによって、大量生産そのものに対する批判が促進されたというのは、皮肉な結果です。

中国では、権威主義や全体主義と呼ばれるシステムが労働に組み込まれていて、環境保護の基準を押し下げたり、政府から多額の補助金がつぎ込まれたりと、他にもいろいろ問題があります。結果的に、中国は生産性が高くなっているわけですが、このことが欧米で大きな警戒感を生んでいますね。

ガブリエル　おそらくこの現象を、近代とグローバル資本主義の内なる葛藤と考えるべきでしょう。現在の近代化の段階は、グローバル資本主義と呼べるのでしょうけれども、正確にこれが何であるのかを言い切るのは難しいと思います。

しかし、状況は潜在的に、より良くなってきていると言えるのではないでしょうか。つまり、新しい普遍性は現在、可能性としてその姿を現しつつあり、世界的資本主義という条件下では競争という形を通して、持続可能性の問題への解決策さえも出てくるはずです。

日本や中国は電気自動車業界では主要な役割を果たしています。環境問題へのこのような解決策や技術の実装方法を見つければ、すぐに世界をリードする超大国となるはずです。

だから、このような世界的競争は同時に、私たちが抱えている問題の解決へと導いてくれるはずです。実際、局所的なアプローチだけでは解決できない問題ですからね。

張 その通りですね。いまこの時代は私たちに多くの可能性や試練を与えていて、その試練自体が可能性でもあります。

その意味で現代は、生きるのにはとても刺激的な時代です。だからこそ、私たちは若い世代に基本的な準備、心構えを伝え、課題の多い高次な競争へのアクセスを彼らに保証しなければなりません。そして若い世代がもっと、このような普遍性を定義する話し合いに参加するようになっていけば、国家、民族などを越える理解に、哲学が重要な役割を果たすことも認識されていくことでしょう。

おわりに（丸山俊一）

「自由と民主主義の実験場」＝アメリカでの対話

対話の妙は、異なる視点が時に衝突し、時に重なり合い、そしてさらなる議論のフレームが広がっていくプロセスにある。そしてその醍醐味は、二人の間にあって、まるで聞き耳をたてるようにしていくうちに、第三の視点を発見、イメージを膨らませて自ら思考の海へと漕ぎ出すことにある。

一例をあげよう。たとえばアンダーセンとの対話。自国アメリカを、宗教とビジネスという異質な要素が不思議な絶妙さで共存するSF的「ファンタジーランド」と自虐的なニュアンスを込めて語るアンダーセンと、そのアメリカに第二次世界大戦で敗れたドイツに生まれ育ったガブリエルとの言葉の応酬だ。

アンダーセン　もちろん、多くのアメリカ人は他者の自由を可能にするために他者に自由を強いることができると信じています。「私たちの自由」が、他国でも社会的な支持を得られるかのように思ってしまうのです。「自由を強いる」という表現は、実は矛盾していますよね。

ガブリエル　おっしゃる通り、たとえば国を爆撃することによって人々に自由をもたらすことができるなんて、矛盾していますよね（笑）。もちろん、実際効果があったケースもありました。それも際立った効果が。だからこの類いの話は、「成功モデル」になります。そう、ヨーロッパでは確かにうまくいったように思います。私はドイツ出身ですが、みんな幸せです（笑）。

アンダーセン　それは事実です（笑）。

思い返してみると、現在の世界では、特に第二次大戦は行われるべき戦争だったのか否か、論争がありますよね。

丁々発止のやり取り、映像でその発話のリズムまで再現されたなら、さながらアメリカのテレビ文化全盛時代のトークショーの一場面を見るかのようだ。ユーモアをまじえつつも、そこに諧謔味《かいぎゃくみ》溢れるジャブの応酬がある。こんなスパーリングを読むと、歴史の浅い国＝アメリカのある種の特殊さに思いを馳せて、ウンウンという気分になる。

しかしだからと言って、アメリカのカルトな一面ばかりに目を奪われて、調子に乗ってガブリエルと一緒になった気分で「突っ込み」ばかりを入れてもいられない。「理念」によって建国を志した国の根幹にはあったはずの、大事な価値観も忘れるわけにはいかないからだ。「自由と民主主義」、その「実験場」としてのアメリカの存在感、その原点にあるはずの精神を軽んじてよいことにはならないだろう。

こうして彼らのスリリングな対話の狭間で、アメリカでもドイツでもない日本人として、僕らはどう考えるべきなのか？　こんな具合に、遠景に見えたやりとりも、ブーメランのように私たちの今現在、日常の思考のベースへの問いかけとして返ってくるのだ。こんなところにも、戦後、歴史の悪戯で深い関係にあるアメリカの存在、その関係性をどう位置づけるのか？　重い問いが潜んでいる。今回、あえて、ニューヨークという地で一週間、さまざまな対話を繰り広げてもらった意図もそこにある。

AIに「意識」は宿るか？――「マトリックス」の実現性

もう一つ例をあげよう。現代哲学の最前線を走るチャーマーズとのＡＩをめぐる議論には、あの映画『マトリックス』が一つの中心的なエピソードとして登場する。

チャーマーズ　私たちは機械が意識を持つことができないということが本当かどうかも、まだわからないのです。〔中略〕脳がしていることは、それが情報を処理している方法にどういうわけかつながっているのだと……そう考えたいのです。

もしそれが正解ならば、同じように情報を処理している半導体にも意識があるのかもしれません。仮にそうだとすれば、あなたの脳と私の脳を同化させるような、純粋なシミュレーションが可能だということにもなるでしょう。映画『マトリックス』の世界も可能になるというわけです。

ガブリエル　ええ、そうですね。それに伴って提起される問題は、一番深い哲学的な謎の一つです。つまり、意識は明らかに同一物ではない意識と同一になることが可能か？　というものです。

自然主義への懐疑を抱き、ＡＩが意識を持つという議論にいつも激しい抵抗を示すガブリエルだが、『マトリックス』については以前からよく話題にしており、思考のモデルとすることにも好意的でファンと言ってもいいほどだ。それにしても、現代を代表する二人の哲学者が、バーチャルの世界に飲み込まれた人間、脳化社会の極限という、一九九〇年代に浮上したテーマが凝縮したSFエンターテイメントの金字塔の世界観をめぐって、現在白熱した議論を繰り広げる様は、それ自体が、どこか映画のようなフィクションのように感じられる倒錯もある。

いずれにせよ、この現代版「胡蝶の夢」の向こうに何が見えてくるのか？　私たちの意識とは、一体何なのか？　両者の「意識」についての定義にも想いをめぐらしながら、言葉を積み重ねる中、人間と機械の間にあるラインが揺れる過程を見届けていただきたい。議論は非常に高度で詳細を極めるが、先にも触れたように「自然主義」への絶対的な否定を日頃なら打ち出すガブリエルが、チャーマーズのロジカルな挑発に乗って、危うくオフサイドラインを越えそうになる瞬間が、対話ならではの見どころかもしれない。

虚構が見せる「夢」と闘う時

アンダーセン、チャーマーズと、それぞれ対話の論点の一例をあげてみたが、「ファンタジー」といい「バーチャル」といい、私たちの社会を覆おうとしているかに見える「幻想」の世界が霧の向こうからうっすらと見えてくるようだ。それらに共通するある種のフィクションは、わかりやすく敵対するような存在ではなく、いつの間にか取り囲まれてしまう罠のようにも感じられる。それにしても、私たちは一体どれほど、現実というもの、今ここに生身の肉体を携えて生きている実感というものを希薄化させる時代を生きているのだろう。

実際マスビアウとの対話でも、利潤競争の「最前線」でのデータ資本主義が生み出す「仮想」の誤謬が問題となり、ケールマンとの倫理をめぐるやりとりの中でも、「ポスト・トゥルースの時代」が話の皮切りとなり、さらに張旭東とトランス・ナショナルな哲学の可能性を考える際にも、テクノロジーがもたらす「疑似現実」的な認識が話題になる……、というわけで、こうして、五つの対話を俯瞰して見た時、常にその場に横たわっていたのは、ある種、私たちが生み出してしまった「幻想」のパラレルワールドのように思えてくる。

二〇一八年の日本滞在時にも、先に触れた『マトリックス』を引き合いに出しネオを目指せと閉塞感を抱えている私たち現代人をけしかけたガブリエルのこと（『マルクス・ガブリエル 欲望の時代を哲学する』所収）、虚構の見せる「夢」と戦うことが現代社会を生きる人々にとって不可欠だという信念は変わらないが、さまざまな異質な思考を展開する知性たちとの間で、不思議な化学反応を起こす過程をぜひ楽しみ、ご自身のヒントとしていただきたい。

張旭東との最後の対話は、ニューヨークの地で日本の視聴者／読者を意識しながら、ドイツ人と中国人によってなされた言葉のキャッチボール、いささか屈折を孕んだ構造となっている。このトランス・ナショナルな状況で繰り広げられた「文化の交通」もまた、日本人としてどこに足場を置くのか？ 心地良いめまいを感じながら、考え続ける他ない。

そしてそこで必要となるのは、常に「トランス」という〈間〉に入っていく精神だ。どこかに安住の足場を求めて、自らの視点を固定化してしまうのではなく、さまざまな力が交錯する、「動的平衡」としての秩序、永遠のプロセスに対峙し続ける覚悟が、そこには要求されることだろう。

対話から生まれる対話、そして思考へ

ガブリエルの独り語りをベースとした『マルクス・ガブリエル 欲望の時代を哲学するII』に続き、本書についても、ディレクターの三好雅信さん、高橋才也さん、小寺寛志さん、真治史さん、佐藤洋紀さん、粟原拓真さん、堀内慧悟さんらの尽力にあらためて感謝したい。一風変わった演出で、現代社会の問題に問いを立てる「欲望」シリーズのテイスト、スタイルを一緒に作ってきてくれた三好さんには、「欲望の資本主義」のディレクター

である大西隼さんとともに御礼申し上げる。

また、大阪市立大学准教授、社会経済思想を研究する斎藤幸平さんにもあらためて深い謝意を表明したい。通訳として対話者として、ガブリエルとの細やかなコミュニケーションをとってくださり、翻訳でも大変お世話になった。さらに、執筆の進行にあたって細やかなサポートをしてくれたNHK出版新書編集部の倉園哲さん、NHK編成局藤田英世統括プロデューサーにもこの場を借りて御礼申し上げる。

こうした制作、編集のプロセスも、すべて対話の連続。実際ガブリエル自身、常にそうした開かれた関係性による対話を望んでいるのだと思う。本書も一過性のブームとして「消費」されることなく、持続する思考のためのきっかけとなれば、幸いだ。ガブリエルがもたらした対話によって、今度は皆さんの間で、よき対話が広がっていくことを願って。そして、さらなる思考も。

「形而上」の知ではなく、日常の中での実践的な思考へとつながる連続性。そこにも希望を見出したいと思う。

二〇二〇年　七月　丸山俊一

番組記録1

「欲望の時代の哲学2020
マルクス・ガブリエル　NY思索ドキュメント」

2020年

2月25日（火）	第一夜「欲望の奴隷からの脱出」
3月 3日（火）	第二夜「自由が善と悪を取り違えるとき」
10日（火）	第三夜「闘争の資本主義を越えて」
17日（火）	第四夜「私とあなたの間にある倫理」
24日（火）	最終夜「哲学が国境を越えるとき」

夜10時50分〜11時14分　NHK Eテレ

ナレーション	松村正代アナウンサー
声の出演	山崎健太郎
テーマ曲	三宅純 “Lilies of the valley”
撮影	福元憲之／伊奈勇人
音声	中園智貴
映像技術	服部一太／庄子格
音響効果	佐藤新之介
コーディネーター	須山弘太郎
取材	真治史／堀内慧悟／佐藤洋紀
ディレクター	三好雅信
プロデューサー	高橋才也
制作統括	藤田英世
	丸山俊一
制作協力	テレビマンユニオン
制作	NHKエンタープライズ
制作・著作	NHK

番組記録2

「BS1スペシャル　シリーズ　コロナ危機　グローバル経済　複雑性への挑戦」

2020年4月18日
夜7時00分〜8時49分　NHK BS1

語り	石橋亜紗アナウンサー
撮影	脇屋弘太郎
音声	川口和也
映像技術	正岡卓哉
音響効果	水戸部謙介
コーディネーター	久山華子
編集	桑原拓真
リサーチャー	今野英一郎
取材	大西隼／真治史
ディレクター	小寺寛志
プロデューサー	高橋才也
制作統括	藤田英世
	丸山俊一
制作協力	テレビマンユニオン
制作	NHKエンタープライズ
制作・著作	NHK

丸山俊一　まるやま・しゅんいち
慶應義塾大学経済学部卒業後、NHK入局。
「欲望の資本主義」をはじめ時代のテーマを独自の視点で斬る
異色の教養番組を企画、制作統括。
現在NHKエンタープライズ番組開発エグゼクティブ・プロデューサー。
著書に『14歳からの資本主義』『結論は出さなくていい』、
制作班との共著に、『マルクス・ガブリエル 欲望の時代を哲学する』
『同 II』『AI以後』『欲望の資本主義』1-3ほか。
東京藝術大学客員教授、早稲田大学非常勤講師も兼務。

NHK出版新書 635

マルクス・ガブリエル
危機の時代を語る

2020年9月10日　第1刷発行

著者　丸山俊一
NHK「欲望の時代の哲学」制作班

発行者　森永公紀

発行所　NHK出版
〒150-8081東京都渋谷区宇田川町41-1
電話 (0570) 009-321(問い合わせ) (0570) 000-321(注文)
https://www.nhk-book.co.jp (ホームページ)
振替 00110-1-49701

ブックデザイン　albireo

印刷　壮光舎印刷・近代美術

製本　二葉製本

Printed in Japan　ISBN978-4-14-088635-9 C0210